Écrire un livre

Du même auteur

L'expiation de Jean, 2002

Très Haute Tension, 2003 (Nouvelles)

Lettre de Guillaume à sa cousine Hortense, 2004

Les Bûchers du Paradis, 2006

Quand le vin est tiré, 2007

Le secret de Font-Clare, 2007

Lumière fauve, 2008 (Prix Méditerranée Roussillon)

Les lauriers sont coupés, 2009

La Promesse, 2009

L'envers du désir, 2010

La face cachée d'Émile Lafont, 2010

La Malédiction de la Saint-Jean, 2011

Le Pont des Illusions, 2012

Vous entendrez gronder l'orage, 2014

La Troisième Prophétie, 2015

Tous droits réservés
©TDO EDITIONS, SARL
www.tdo-editions.fr
email : infos@tdo-editions.fr
ISBN : 978-2-915746-67-9

Gérard Raynal

Écrire un livre

Comment éviter les pièges de l'écriture

Essai

Introduction..12
- Il n'y a pas d'égalité
- Mais avant toute chose

C'est décidé, j'écris un roman !............................15
- La révélation
- Les ateliers d'écriture
- Au début
- Et si vous deveniez un grand écrivain
- Il faut bien débuter un jour
- L'écriture devait effacer mes difficultés financières
- Ah je vous vois sourire !
- Un peu de rêve
- Qualité ne veut pas nécessairement dire succès
- Des cas particuliers
- Et pourtant !

Entrez donc dans le vif du sujet...........................27
- Le sujet
- Trouver un sujet
- Parlons du plagiat
- Imiter
- Mais pourquoi se priver
- L'écriture automatique
- Question de genre

Bienvenue dans le monde du flou......................36
- Plan, ou pas ?
- Les fiches personnages
- Ordinateur ou stylo à bille ?
- Le premier jet
- Quelques idées au sujet des best-sellers
- Parlons aventure et thriller
- Vos personnages
- C'est la guerre ?
- Une question primordiale
- Le héros peut-il être un minable ?
- Voyons un peu ce qui se passe chez les autres

- Le monde n'est plus le même
- Des modèles ?
- Écrire, d'accord, mais quand ?
- Dur ou facile d'écrire ?

Plongée en écriture..49
- Commencer ? Mais comment et où ?
- Quand une idée passe
- Soyez des as du point de vue
- Faire participer le lecteur, pourquoi pas ?
- Phrases longues ou phrases courtes ?
- Alternez les longueurs
- Halte aux cadences infernales
- Paragraphe long ou paragraphe court ?
- Soyez concis, le ciel vous le rendra
- Au sujet de la concision, petite histoire personnelle
- Voici un truc pour éviter les longueurs
- Les énumérations
- Les conversations

Mots, phrases, et petits trucs........................65
- Argot, termes techniques, etc.
- Le registre lexical
- Comparaisons et métaphores
- La nominalisation
- Adjectifs, verbes, noms, etc.
- Ordre des mots dans la phrase
- Mise en lumière
- Variez l'accroche des phrases
- Gonflez vos phrases
- La phrase et sa promesse…
- Ne jamais se contredire
- Trouvez le mot juste
- Jouez sur les sonorités
- Affirmez, ce sera toujours mieux.
- On est un âne, l'on est un bourricot
- Faites vivre vos personnages
- Le nom des personnages
- Vivriez-vous dans un igloo au Sahara ?

- Devenez environnementaliste…
- Ou historien
- Visitez l'empire des sens
- Promettez, promettez
- Les personnages promettent

Parlons style..91
- Mais qu'entend-on par style ?
- Les Pléonasmes
- La double négation
- La surdétermination
- Ne pas surajouter
- Supprimez les lourdeurs
- Vade retro participe présent
- Les phrases incomplètes
- Les Parenthèses
- Ces mots de liaison qui saturent le propos
- Et, et, et
- Dit-il
- Trop d'explication tue l'explication
- Fermez le tiroir
- Évitez la battologie
- Bis repetita non placent
- Simplification
- Le ton
- Un peu de précision que diantre !
- Inventez, mais pas trop !

Petits conseils pour la route...............................108
- Personnifiez d'accord, mais avec parcimonie
- Ne vous démentez jamais
- Les descriptions
- Musclez votre écriture
- Quand le détail favorise le drame
- Exprimez vos sentiments sans excès

Des techniques à utiliser...114
- Quand l'homéotéleute ne nous fait pas souffrir
- Êtes-vous des as du périgrinisme ?

- Utilisez le métaplasme
- Êtes-vous les rois de l'Hyperbate ?
- La Prétérition vous titille-t-elle ?
- Épanalepse quand tu nous tiens…
- L'Antilogie vous embrouille…
- Le chiasme
- Jouez de la paronomase
- Bonne ou mauvaise la Tautologie ?
- L'Érosion
- La Prosopopée…
- La Diaphore…
- La Polysyndète
- Le Chleuasme pour servir son propre ego
- L'Aposiopèse
- La Prolepse
- Le Polyptote vous démange ?
- La réduplication, un bégaiement volontaire…
- La Tmèse vous guette-t-elle ?…

Respirons avec la virgule 123

Et Voilà ! 126
- Le leurre des logiciels d'écriture
- Ne manque-t-il pas un détail d'importance ?
- Et pourquoi pas l'humour ?
- La couverture
- Et maintenant à vous !
- Et la quatrième de couve ?...

Ça y est, vous avez fini 133
- Mes 10 relectures principales

L'exemple d'un roman 139
- De l'idée initiale au démarrage…
- Première difficulté
- Chance suprême
- Modestie
- Le lieu, l'époque
- Un héros, et son entourage

- Rendre intéressant
- Le nœud du problème
- L'idée
- L'affaire
- Marcellin Albert
- La fille
- L'impossibilité
- Et voilà
- Le final

Le cas particulier du roman de terroir............149
- Traditions et vieux métiers
- Plongée dans l'histoire
- Les personnages
- Le rythme
- L'action
- Les descriptions
- Régalez-vous
- L'enfermement
- Couvertures et titres

Et si vous éditiez 153
- Préparez votre manuscrit pour l'édition
- Quelques conseils avant de vous lancer
- Et maintenant, il faut choisir un éditeur
- Promo, etc.
- Mon manuscrit part chez l'éditeur…

Avant toute chose :

Ne vous fatiguez pas à écrire si…

- Vous le faites pour rechercher gloire et notoriété…
- Vous n'êtes pas pris aux tripes par l'envie de raconter…
- Vous cherchez seulement à épater et à plaire…
- Vous n'êtes pas prêt à y consacrer plusieurs heures de votre journée au détriment de beaucoup d'autres activités…
- Vous n'êtes pas capable d'humilité…
- Vous croyez que c'est facile…
- Vous croyez que c'est trop difficile pour vous…
- Vous vous sentez écrivain sans avoir écrit la moindre ligne…
- Vous pensez faire au moins aussi bien que Houellebecq ou Amélie Nothomb, sans les avoir lus…
- Vous bouillez de jalousie à la vue d'un auteur plus jeune que vous, et déjà invité sur les plateaux télé…
- Vous pensez que personne ne peut comprendre votre écriture…
- Vous imaginez que votre écriture révolutionnera la littérature…
- Vous avez déjà commandé la dernière Audi décapotable en prévision d'un gros chèque de l'éditeur…
- Vous croyez qu'aucun éditeur ne vous refusera…
- Écrire plus d'une heure par jour vous fatigue…
- Vous songez déjà à recruter un nègre…
- Écrire est moins important pour vous que le golf…
- Avant d'avoir osé l'écriture, vous avez déjà choisi votre épée et prévu votre discours d'admission à l'Académie…
- Vous croyez qu'un logiciel peut écrire à votre place.
- Pour vous, écrire est secondaire…
- Vous ne lisez jamais…

Introduction

« L'écriture est la plus noble conquête de l'homme » écrivait Elsa Triolet. Elle avait sûrement raison. L'écriture est en effet une belle conquête au service de la communication entre les individus. Cependant, la captation de cet art par les classes dirigeantes a autorisé, au début de nos sociétés, la confiscation du pouvoir.

L'écriture arme politique ? On pouvait le croire !

De nos jours, savoir écrire est devenu la norme (du moins dans notre monde occidental) et rares sont ceux qui ne possèdent pas cette connaissance.

Mais de cette maîtrise banale et élémentaire à l'écriture d'un roman, il n'y a qu'un pas (un grand pas). Et ce pas, je vous invite à le franchir allègrement. Actuellement, les procédés modernes permettent à tout un chacun de faire éditer à moindres frais leur création. Mais être son propre éditeur, et son propre correcteur ne doit pas faire oublier que l'écriture obéit à des normes précises et à des règles.

Il n'y a pas d'égalité

En écriture comme dans la vie en général, l'égalité n'existe hélas pas. On ne naît pas tous sous la même étoile. Ainsi, tel Mozart musicien prodige, venu au monde avec un réel talent musical, certains naissent avec la facilité d'écriture. Pour d'autres, le processus de maturation est beaucoup plus long. Dans de nombreux cas, ce savoir-faire restera au stade embryonnaire.

Mais vous que la plume démange, si vous avez choisi de parcourir ce modeste opuscule, c'est que vous désirez, un tant soit peu, avancer sur les chemins tortueux mais passionnants de l'écriture.

J'espère que ces quelques pages vous aideront à trouver une voie. J'ai voulu vous faire profiter de ce lent cheminement qui fut le mien, et qui m'a conduit du désir d'écrire à l'édition. Pour parcourir cet itinéraire, j'ai commis des quantités d'erreurs faciles à éviter, en principe, mais qui, très souvent, ont entravé ma marche. La seule prétention de cet ouvrage est de vous éviter, à vous écrivains en devenir, de perdre de précieuses semaines (ou de précieuses années).

Allez, il est temps de se lancer !

 Avertissement

Avant de vous laisser partir à la découverte de ce petit ouvrage, je tiens à vous assurer que je n'ai pas voulu en faire une méthode d'écriture. Qui d'ailleurs pourrait avoir la prétention de détenir « la Méthode » ? En réalité, ce n'est qu'une approche, mon approche. À la lecture des nombreux manuscrits sur lesquels je suis amené à statuer dans le cadre de mon emploi en maison d'édition, je me suis aperçu de la récurrence de certaines erreurs. Ces pages ont pour mission de vous permettre de les éviter.

Surtout, et j'insiste là-dessus, ne prenez pas cet ouvrage comme une trame incontournable dans l'écriture d'un roman. Il vous expose ma méthode, vous livre certains de mes trucs, vous fait toucher du doigt les difficultés et freins qui jalonnent l'exercice, ou du moins qui ont jalonné ma propre aventure.

Tout est possible en écriture, de la plus méticuleuse narration, au style le plus déstructuré. Tout est possible, mais seulement si c'est bien fait, et c'est là la grande difficulté. Cela n'empêche pas la rigueur et l'obéissance à des règles élémentaires, bien sûr !

Je dis souvent aux auteurs qui viennent proposer leur œuvre à notre appréciation d'écrire comme ils sont, de ne pas tenter d'imiter tel ou tel écrivain connu, de ne pas marcher dans les pas de tel ou tel spécialiste et de garder à leur écriture son côté personnel. Je leur suggère également d'écrire ce qu'ils savent écrire et de ne pas se lancer aveuglément dans des genres qu'ils ne maîtrisent pas.

Ce n'est pas par orgueil que j'ai personnalisé ces pages, mais plutôt par souci de vous accompagner. Comme j'aurais aimé que l'on m'accompagne à mes débuts ! J'espère que cet opuscule vous aidera à révéler ce qui est en vous...

Bonne route !

C'est décidé...
J'écris un roman !

La première question que je me suis posée avant d'écrire mon premier roman (vous vous la posez également, j'en suis persuadé) est : *« Est-ce si difficile que cela ? »*.

La lecture de magazines spécialisés auxquels je m'étais empressé de m'abonner ne m'apporta aucune réponse convenable. On y entendait seulement les cris d'orfraie d'écrivants qui se plaignaient surtout de la difficulté de faire éditer leur œuvre. Mais de cela, nous reparlerons plus tard, lorsque vous en serez au point de présenter le texte enfin finalisé à un éditeur de votre choix.

Sur la difficulté de l'écriture, je ne lisais rien, comme si tous ceux qui avaient essayé de se lancer dans pareille aventure avaient réussi. De là à en déduire que ce n'était pas bien sorcier, il n'y avait pas loin.

La révélation

Un jour, il m'est arrivé de tenir entre les mains le roman édité par un garçon de ma connaissance, frère d'un ancien compagnon de route. Il s'était acquitté avec succès de l'exercice compliqué de l'écriture. J'ai lu son ouvrage, il était bon, l'histoire était passionnante, le style intéressant. Mais au fond, je dois l'avouer, j'avais du mal à supporter l'enthousiasme de mon entourage.

Il fallait que je fasse aussi bien. *Jalousie quand tu nous tiens !*

Je dois expliquer ici que le désir d'écrire me taraudait depuis longtemps. Je parcourais avec intérêt et appétence les publicités promettant gloire, richesse et édition aux apprentis de la plume. J'imaginais que le livre en gestation dans mon cerveau envieux allait révolutionner le monde littéraire...

J'imaginais… J'imaginais… Je ne savais pas encore que j'allais me heurter à de nombreuses difficultés… Cette lecture fut donc le déclic de ma vie d'auteur. Envie de faire mieux ? Orgueil ? Sans doute tout cela. J'avais trouvé ma rampe de lancement, et c'était bien cela le principal, même si je m'étais appuyé sur des sentiments dont je ne suis pas très fier aujourd'hui…

Pour vous, c'est certain, il y a eu ou il y aura d'autres déclics, des petits détails qui vous pousseront à embrasser le sacerdoce de l'écriture. Et d'ailleurs, pourquoi ne serait-ce pas ce petit livre ?

Les ateliers d'écriture

L'atelier peut être une solution pour les auteurs débutants. Souvent, cette forme de travail collectif stimule la motivation et l'imagination. C'est une bonne manière d'entrer en écriture. Quelques séances vous mettront sans doute le pied à l'étrier, même si on peut tout de même se lancer sans passer par là. Mais pour les hésitants, cela peut être une bonne formule de départ.

Bien sûr, il faut bien choisir l'atelier qui correspond à ce que nous cherchons… Sachez qu'il existe plusieurs méthodes. Les plus importantes, du moins les plus usitées, peuvent se classer en deux groupes :

• L'atelier magistral où l'on écrit un texte imposé et souvent corrigé par l'animateur.

• L'atelier style OULIPO où l'on travaille autour d'exercices à contraintes.

C'est cette dernière forme que j'animais… Il s'agissait de considérer l'exercice comme un exercice de musculation, la contrainte jouant le rôle de charge. Et à force de s'obliger à des détours plus ou moins difficiles, la plume des participants se forgeait. Ainsi, le jour où ils écrivaient sans ces contraintes-là, tout devenait plus facile. Mais un atelier d'écriture, s'il améliore l'aisance littéraire, ne forme pas spécifiquement à l'écriture d'un roman. D'autres connaissances sont nécessaires pour mener à bien un tel projet. C'est en partie l'utilité de ce livre…

Au début

Avant de me lancer dans le monde extraordinaire de l'écriture, je devais en explorer les mystères.

Si les nombreux ouvrages spécialisés que j'avais acquis avec fébrilité et espoir ne m'apprirent pas grand-chose sur la difficulté de l'écriture, ils m'indiquèrent tout de même les directions à prendre, et surtout les directions à ne pas prendre.

Les rayons des librairies du coin me renseignèrent, eux, sur la production littéraire locale. Un grand nombre, et c'est un euphémisme, d'auteurs inconnus se côtoyaient sur les étalages. Je compris que l'éditeur le plus populaire avait pour nom : « autoédition ».

La lecture de quelques spécimens autoédités m'édifia. Souvent, ce n'était franchement pas bon ! (selon mes critères de l'époque).

Les écritures étaient fébriles, les histoires sans intérêt. Les sujets, très fréquemment en rapport avec des lieux ou des gens de la région, visaient tous le même but : séduire le lectorat de proximité. Mais à quel prix !

Je devais me démarquer de cette masse qu'à l'époque, je jugeais inculte. J'étais persuadé de pouvoir écraser ces plumes que je jugeais médiocres et me hausser trois crans au-dessus. Depuis, les difficultés de ma propre écriture m'ont appris la modestie. J'avais tort de me considérer supérieur. Heureusement, cette fierté imbécile n'a pas duré très longtemps. Maintenant, ayant en charge professionnellement de nombreux textes, j'apprends tous les jours l'humilité.

> ***Règle numéro 1 :*** *Ceux qui ont décidé d'écrire, malgré de réelles difficultés, méritent le respect. L'acte d'écriture n'est pas une sinécure, il demande, nous le verrons, beaucoup d'investissement personnel, et d'abnégation. On n'écrit pas par hasard, pour faire plaisir à son entourage ou pour montrer que l'on en est capable… Alors, respect !*

Quelques autoédités rencontrés au hasard des salons méritaient de figurer dans le catalogue de grands éditeurs. J'ai en mémoire un auteur local dont le roman, écrit de main de maître, avait sans doute sa place dans des sphères littéraires plus élevées que celles où il tentait de naviguer. Mais on ne fait pas toujours ce que l'on veut.

Il faut également citer ceux, et ils sont nombreux, qui choisissent de devenir leur propre éditeur par choix, par amour de la liberté ou pour rester maîtres de leurs écrits. Ce choix est éminemment respectable. Hélas, l'autoédition est souvent utilisée par ceux qui n'ont pas réussi à trouver un éditeur. C'est bien dommage, car ce mode d'édition possède de nombreux avantages !

Et si vous deveniez un grand écrivain, riche, beau et célèbre ?

Riche ? Grâce à l'écriture, c'est possible, mais pas certain. Très peu d'auteurs peuvent se vanter de vivre sur un grand pied grâce à l'écriture. On les connaît. Ils passent régulièrement à la télévision ! Cependant, selon où l'on situe la richesse, rien n'est impossible. L'espoir demeure pour chacun d'entre nous de devenir le nouveau Musso, ou le nouveau Lévy. Mais le chemin est parsemé d'embûches, et je vous conseille, avant de commander votre superbe chalet à Courchevel, d'attendre les résultats définitifs de vos ventes librairies.

Beau ? L'écriture ne changera rien à votre situation sur ce plan-là ! Sauf qu'en cas de succès foudroyant, certains, qui vous trouvaient quelconque, vous trouveront magnifique.

Célèbre ? Si vous estimez que la célébrité locale suffit, vous avez de bonnes chances d'y accéder, pour peu que votre plume plaise et trouve son public. Pour le reste, Dame « chance » aidée par Sieur « acharnement » peut toujours s'en mêler.

Si vous écrivez pour devenir riche, beau et célèbre, n'hésitez pas à vous essayer à d'autres entreprises plus susceptibles de vous faire réussir. Dans le cas contraire, vous risquez d'être très déçus !

Il faut bien débuter un jour

À mes débuts, j'ai pris la voie de l'autoédition pour produire mon premier roman. J'avais même fait de la liberté gagnée à ne pas attendre la réponse d'un éditeur, une sorte de victoire. En réalité, je l'avoue aujourd'hui, je n'avais pas, par peur d'un refus, osé proposer mon travail au moindre éditeur local !

L'écriture devait effacer mes difficultés financières

C'est du moins ce que j'espérais… À l'époque où j'ai vraiment tenté d'écrire, je me trouvais dans une vraie panade économique, et je comptais sérieusement sur l'écriture pour me sortir de là !

La leçon que j'en ai tirée, c'est qu'il ne faut pas tenter d'écrire dans l'urgence et le stress. Si ça marche pour quelques-uns, la majorité des postulants ne réussira qu'à ajouter du découragement au découragement.

Il fallait que je sois performant. Pour cela, avant de rédiger la moindre ligne, je m'étais mis au travail. J'avais essayé de comprendre quels étaient les ressorts de l'écriture. J'avais tenté de découvrir les trucs qui permettaient de mieux écrire, de donner un ton capable d'accrocher le lecteur. En deux mots, j'avais tenté de devenir un vrai écrivain.

Au fil de mes recherches, j'avais appris des quantités de petits détails qui devaient en principe assurer à ma plume une meilleure efficacité. Mais de ces détails-là au roman, il y avait un monde difficile à franchir.

De cette manière, je touchai du doigt que les progrès, s'ils sont possibles, tardent à venir. « *Dieu comme il est long le chemin qui mène de la maladresse à la béatitude !* »

Mais ne croyez pas que je vous raconte mon itinéraire par fatuité ou suffisance, bien au contraire, je n'ai qu'une confiance relative en ma propre écriture, et au début de chacun de mes textes, j'ai l'impression de devoir tout réapprendre.

Par ces quelques lignes, je voulais simplement vous expliquer que tout est possible, si l'on s'en donne un tant soit peu la peine. Et les moyens. Contrairement à l'idée répandue que les grands écrivains possèdent un savoir-faire unique, je ne crois guère au talent, ou du moins je ne crois guère en la primauté du talent sur l'effort. Le facteur travail me semble primordial.

Bien sûr, une certaine facilité d'écriture est souhaitable pour prétendre à l'édition et surtout au succès. Le reste n'est qu'huile de coude.

Oui le talent existe, mais il ne suffit pas…

Je vous vois sourire de contentement ou d'ironie !
Ce que je vous explique au sujet du talent est assez peu partagé, je le confesse. Le monde littéraire fait la part belle aux personnalités dont le style (pas toujours heureux), est considéré comme une forme exaltée de talent. Le talent, du moins cette espèce d'aisance qui permet de produire un texte à coloration particulière, existe chez certains, bien sûr ! Mais si j'ai quelque peu rabaissé son importance, c'est pour vous conduire à penser qu'avec une bonne dose de travail, on peut toujours produire un roman digne de ce nom. Cependant, si vous possédez ce petit quelque chose en plus que d'aucuns nomment talent, vous en ferez un chef-d'œuvre ! On ne se l'arrachera pas forcément, mais vous pourrez en être très fier !

Règle numéro 2 : La faculté de travail est la qualité la plus nécessaire aux postulants en écriture.

Un peu de rêve
Secrètement, je rêvais qu'un jour, un grand éditeur me repérerait et me demanderait (me supplierait même), de rejoindre son écurie. Il m'arrivait de compter en songe les liasses de billets que mes écrits rapporteraient.

Mais comment un éditeur, grand ou petit, même à la recherche de textes, allait-il me repérer ? Cela paraissait difficile, voire impossible.

Pourtant, cela se produisit. À un détail près cependant : ce n'est pas une grande structure qui m'ouvrit ses bras, mais un éditeur minuscule (sans me supplier tout de même). Sans doute le plus petit de mon département. Depuis, il a bien grandi.

Mais avant cela, mes rêves auraient pu se transformer en cauchemar, puisque je m'étais intéressé de près à des publicités de sociétés à la recherche d'auteurs… au bout du compte, le piège était dangereux et j'aurais eu affaire, dans la plupart des cas, à des escrocs qui s'intéressent plus à l'argent qu'au talent. Car il faut le savoir, beaucoup d'offres d'édition sont fausses et dirigent le candidat vers des pseudo éditeurs. En conclusion, si vous devez sortir un centime pour éditer votre livre, faites-le avec un contrat bien précis et en connaissance de cause. Le mieux, bien sûr, est de trouver un contrat d'éditeur. Mais ça, c'est quand même assez compliqué… compliqué, mais possible bien sûr !

Qualité ne veut pas nécessairement dire succès

L'inspection des têtes de gondole des supermarchés enseigne que le succès, dans une période donnée, répond à quelques ficelles souvent grossières :

- Une surmédiatisation d'auteurs qui surfent sur des vagues identifiées : le policier, l'irrationnel, la science-fiction ou l'ésotérique… Leur *truc* : transporter le lecteur ailleurs.
- La peopolisation, c'est-à-dire la mise sur orbite

littéraire de gens déjà connus du grand public, et qui viennent raconter (souvent sous la plume d'un nègre) les misères de leur vie. Ils jouent sur le voyeurisme. On est loin de l'idéal littéraire, mais le monde est ainsi fait.

■ L'hyper médiatisation d'auteurs au look ou à la vie particulière. On songe tout d'abord à Amélie Nothomb, un auteur à la plume efficace ou, bien sûr, à Michel Houellebecq.

■ La fidélisation du lectorat par des séries aux héros récurrents.

■ Le service après-vente des émissions télé.

■ Sans oublier, cela va de soi, les livres écrits par de vraies plumes dont le savoir-faire est incontestable.

***Anecdote :** Un jour, en pleine dédicace, je vis une dame s'approcher, tout sourire. Je songeai évidemment à une de mes lectrices ou à une future lectrice.*

— Pardon monsieur, me dit-elle, vendez-vous la biographie d'Hervé Villard ?

Je lui répondis que je vendais mes propres livres, mais que j'avais écrit un roman presque autobiographique…

— Ça ne m'intéresse pas, fit la dame, je ne lis que les biographies des gens célèbres…

Il fallait donc que je devienne célèbre pour pouvoir me rallier les suffrages de ce genre de lectrices. J'optai pour la ténacité. Sans optimisme démesuré tout de même ! À ce jour, elle ne m'a toujours rien acheté ! Et pour cause !

Des cas particuliers

Certains domaines à succès échappent à cette spirale : les beaux livres, les livres sur le jardinage, et ceux qui traitent de cuisine ou d'architecture. Pour ces derniers, la tendance à la peopolisation commence néanmoins à pointer son nez (livres de chefs connus et très médiatiques, ou de stars de la télé-réalité).

Rentrent également dans cette catégorie les livres régionaux qui apportent quelque chose de neuf. La diffusion en sera facilitée pour l'éditeur, et même si le lectorat est plus réduit, le pourcentage de pénétration sera plus important. On peut citer par exemple certains dictionnaires régionaux ou des histoires populaires connues d'une certaine clientèle locale. Je connais personnellement l'auteur d'un dictionnaire très particulier de la Catalogne qui a vendu près de 40 000 exemplaires. Un très beau succès…

Règle numéro 3 : *Soyez heureux de la réussite des autres, c'est la preuve que ça peut arriver… Et puis, si un Goncourt se vend à un million d'exemplaires, c'est tant mieux pour l'industrie du livre… Nous en sommes tous, à notre niveau, les bénéficiaires… Il faut se souvenir par exemple des bienfaits réalisés par Harry Potter sur le taux de lecture des adolescents. Des milliers d'entre eux ont pris goût au livre, grâce à ses aventures.*

Ne jalousez jamais les auteurs qui réussissent, ça n'aiderait en rien votre propre trajet. Au contraire !

Et pourtant !

Et pourtant, certains romans qui ont bien fonctionné, l'on fait en dehors des circuits médiatiques et sans appui. Je pense bien sûr à : *« L'élégance du hérisson »* (prix des libraires), ou à nombre d'autres qui ont creusé leur trou sans que leur course soit télécommandée. Et que dire de : *« Indignez-vous »*, de Stéphane Hessel, qui a séduit plus de 5 000 000 de lecteurs, sans passer par les voies traditionnelles ? Il existe des niches, des réseaux qui n'empruntent pas les routes habituelles de l'édition et de la diffusion. À vous de les cibler.

Voilà ce que je voulais vous faire passer en préalable.

Entrez donc dans le vif du sujet

Maintenant que tous ces préambules vous ont donné la certitude que le prochain Houellebecq c'est vous, il est temps de songer à trouver un sujet.

Le sujet

Avoir envie d'écrire sur soi-même, sur l'une de vos aventures palpitantes, sur le lieu de votre enfance, sur un moment précis de l'histoire de votre pays, de votre département, de votre village, de votre quartier ou de votre rue, est légitime. Toutefois, j'aurais à l'endroit des textes trop autobiographiques – si leur auteur n'est pas déjà très populaire dans une zone donnée – une grande réticence. En effet, l'auto roman est un genre très peu demandé (par le public), et en dehors de votre entourage, peu de lecteurs s'y intéresseront.

Mon expérience des manuscrits candidats à l'édition m'amène à penser que ce genre est très répandu chez ceux qui veulent écrire. Le sujet leur semble sûrement plus facile que l'histoire ou même la fiction !

Alors, si vous êtes adepte du narcissisme littéraire, ou simplement si vous tenez à laisser une trace de votre vie, ce qui est louable en soi, ne perdez pas votre temps à chercher un éditeur, l'autoédition vous comblera. Nous y reviendrons. Mais attention, autoédition ne veut pas dire laisser-aller et médiocrité. D'autant qu'une auto fiction bien menée peut rencontrer un certain lectorat. Surtout si elle se mêle d'histoires locales et met en scène des personnages reconnaissables.
Mais poursuivons donc !…

Trouver un sujet (suite)
Si le sujet de votre premier roman ne s'impose pas, vous pouvez toujours employer quelques-uns des stratagèmes suivants pour en dénicher un :

♦ Lire les faits divers de votre journal habituel (afin de paraître original, je conseille aux postulants à l'écriture d'aller consulter dans leur médiathèque habituelle, les journaux du passé, années 30, 50 ou 60). Là, des aventures humaines oubliées par tous ne demandent qu'à être exhumées.

♦ Observer le monde du quotidien. Avec un peu d'habitude, tel ou tel personnage singulier peut stimuler votre imaginaire et devenir, au fil des pages, un héros de roman.

♦ Lister toutes les histoires plus ou moins importantes qui se sont déroulées dans votre région (toutes les régions françaises ont un passé riche).

♦ Exhumer des vieux textes oubliés pour s'en inspirer.

♦ Lire ce qui se fait de mieux dans votre coin, ou ce qui s'est fait de mieux. Sans aller jusqu'au plagiat, les sources d'inspiration issues des lectures que vous pourrez faire seront inépuisables.

♦ S'imprégner le plus possible des histoires qui ont donné lieu à des films, elles peuvent vous inspirer. Le phénomène le plus connu en la matière est sans aucun doute *La Bicyclette Bleue* de Régine Desforges, inspirée par le célèbre *Autant en emporte le vent*.

Le procédé n'est pas scandaleux, bien au contraire, le résultat final donne une aventure plutôt agréable à suivre et bien éloignée de son modèle original. De plus, le cadre passionnant de la guerre de 40 colle parfaitement à l'histoire. Après, les puristes iront voir dans le détail s'il y a eu imitation ou pas. Pour mon cas, j'ai beaucoup aimé le livre de Régine Desforges, et si je n'avais pas lu un article sur ce sujet, je ne me serais aperçu de rien, même en ayant lu le texte original de Margaret Mitchell.

La *Bicyclette bleue* a depuis fait l'objet d'un film...

Parlons un peu du plagiat

Voici ce qu'en dit le dictionnaire :

Plagier : *Copier l'œuvre ou une partie de l'œuvre de quelqu'un et s'en attribuer la paternité.*

Prendre un texte déjà publié et l'éditer à son nom est bien sûr très contestable (et passible de condamnation), mais s'appuyer sur un texte (surtout s'il est bon), pour en écrire une version différente, me paraît une voie possible et sans danger. Ce n'est pas mon domaine de prédilection, mais je ne refuserais pas de le faire en cas de nécessité (manque d'imagination). Attention tout de même de ne pas reprendre les mêmes personnages. Disons que l'histoire déjà publiée ne sera, dans ce cas, qu'une possibilité de démarrage. En aucune manière on ne copiera des textes, ou on ne reprendra des aventures ayant déjà servi. Mais quelqu'un n'a-t-il pas écrit la suite de *Les Misérables* de Victor Hugo ?

Rappelons-nous que le Goncourt 2010 : *La Carte et le Territoire* de Michel Houellebecq a créé une sorte de scandale en utilisant des passages de l'encyclopédie *Wikipédia*. À la lecture, le fait ne m'avait pas choqué…

Il faut savoir faire la différence entre documentation et plagiat. Car tous les auteurs se documentent, surtout les plus grands, et dans de nombreux romans on trouve automatiquement des bribes de phrases, des idées, des métaphores, des faits, etc. très proches de ceux ou celles que l'on a rencontrés dans d'autres textes déjà publiés. Question de mesure sans doute !

Pour clore ce chapitre, je voudrais évoquer le cas d'une maison d'édition amie qui a édité des livres dans lesquels on reconnaissait l'univers de « Tintin ». Ses responsables ont failli mettre la clef sous la porte. On ne plaisante pas avec certaines valeurs économiques ! Heureusement, le tribunal leur a donné raison.

En conclusion, plagier n'est jamais bon, cela peut conduire au retrait pur et simple du livre… Une sacrée perte pour l'éditeur…

Mais revenons à la manière de chercher un sujet.

Imiter

Imiter un style est un exercice difficile, mais pas impossible. Est-on faussaire si l'on imite un auteur que l'on connaît par cœur ? Certes pas, mais il vaut mille fois mieux apporter à l'écriture votre propre patte, créer votre propre style. Nous avons reçu dernièrement un roman dont toutes les scènes d'action étaient très lourdes et même pratiquement illisibles. Après avoir pris contact avec l'auteur, nous nous sommes aperçus que celui-ci avait tenté d'écrire à la manière de… il avait essayé d'imiter le style d'un auteur Américain. Mauvaise pioche ! L'histoire bien française ne supportait pas du tout ce genre d'écriture. Le livre est sorti après un allégement important, et une remise à flot conséquente.

Mais pourquoi se priver ?

♦ D'écrire la suite d'un roman célèbre que l'on aurait aimé voir continuer ?… (attention tout de même aux droits).

♦ De transformer complètement un roman oublié ? N'oubliez pas qu'une œuvre tombe légalement dans le domaine public 70 ans après sa dernière publication ou sa dernière traduction.

♦ De prendre un fait subalterne raconté par un auteur classique dans une de ses œuvres, pour en faire le point de départ d'une tout autre histoire ?

♦ D'interpréter, d'analyser, tel ou tel livre à succès, comme le *Da Vinci code* par exemple, pour en livrer sa propre vision.

♦ De faire vivre un héros récurrent libre (le Poulpe

par exemple, à condition d'obtenir l'autorisation de la maison d'édition qui l'a créé).

♦ De se noyer dans l'univers d'un auteur dont on est fan, et d'inventer une histoire qui s'y déroulerait. J'ai souvent voulu faire ça à partir du *Grand Meaulnes*…

♦ De faire revivre des œuvres oubliées (sans les plagier bien sûr !)

♦ De partir d'un tableau célèbre et d'en faire vivre les personnages au sein d'une aventure inédite.

♦ De partir d'une poésie connue de tous…

♦ D'inventer une seconde vie à des héros ayant existé (artistes, hommes politiques, etc.).

NB : Sauf exception, ne reprenez jamais un personnage créé par d'autres pour en faire votre propre héros. On imagine mal les aventures de San Antonio ou d'OSS 117 reprises par d'autres écrivains que leur père créateur, ou leur ayant droit.

Vous le voyez, l'imagination a le droit de se nourrir d'écrits existants, ou peut se déployer à partir de votre propre recherche. Mais dans tous les cas, je vous déconseille :

• D'écrire un roman où l'on reconnaîtrait trop votre propre vie (à moins d'être déjà connu).

• D'imiter, même de façon lointaine les grands succès de la littérature, sans y apporter une véritable originalité (changement d'époque, traitement satirique, inversion de la temporalité, etc.).

• D'utiliser des personnages de romans ayant pignon sur rue, ou qui seraient identifiables à un auteur donné.

• D'établir la biographie de personnages vivants, sans avoir obtenu au préalable leur autorisation écrite.

• De trop utiliser de façon brute, c'est-à-dire en copier/coller, des sources connues et utilisées par tous les auteurs (*Wikipédia* ou autres encyclopédies notoires).

• De traiter un sujet maintes et maintes fois rebattu.

Bien sûr, cette liste n'est pas exhaustive, à vous de l'allonger ! Mais avant toute chose, si vous désirez écrire sur, ou à partir de textes déjà publiés, je vous conseille de consulter un juriste.

L'écriture automatique

Pourquoi ne pas essayer l'écriture automatique ? Oh, rien de surnaturel ne se cache derrière cette pratique. Il s'agit seulement de se mettre en position de relaxation, de bien respirer, et d'inscrire tout ce qui vous passe par la tête, sans relever la plume, ou sans interrompre la course de vos doigts sur le clavier, quitte à écrire des choses insensées ou des phrases bouche-trous du genre : « *Je ne sais plus quoi écrire, alors j'écris n'importe quoi, histoire de combler...* » Peu à peu, des choses intéressantes s'accrocheront à vos mots, et des concepts s'inviteront dans votre tête. Au début, ce sera difficile, mais plus tard, vous en extrairez, j'en suis certain, de belles possibilités. Cette technique ne vous permettra pas d'écrire un roman entier, bien sûr, mais elle vous évitera de rester bloqués devant la page blanche, et obligera votre imagination à accoucher de quelques idées géniales. C'est un excellent exercice que j'utilisais dans mes ateliers d'écriture.

Question de genre

Il est absolument nécessaire, avant de commencer la rédaction de votre roman, de bien définir dans quelle case vous allez le placer. Dans quelle case ? En parcourant catalogues et rayons, vous vous rendrez compte qu'il existe pour le roman, des répartitions par genre : Policier, Thriller, Terroir, social, psychologique, science-fiction, histoire, initiation, etc. Et à chacun de ces genres s'accroche un public. Alors, faut-il nécessairement coller à ces cases pour connaître le succès ?…

Mon expérience de collaborateur dans une maison d'édition m'oblige à répondre oui, même si je préférerais que ce soit non. Nous avons quelquefois tenté de produire des livres ne répondant pas aux critères du genre et ne rentrant dans aucune case… Échec garanti ! Pourtant, il s'agissait de bons romans. Alors pourquoi la réussite les a-t-elle fuis ? Il y a d'abord une raison de communication. Impossible pour nous de communiquer dans le vide. Deuxièmement, nous nous sommes heurtés à un problème de réseau et donc de lectorat. Nous étions attendus par des lecteurs d'un certain créneau, et en dehors de celui-ci, point de salut. Je vais encore parler… de moi… Mais l'exemple que je vais citer ici concerne un de mes romans. Un ovni, puisqu'il s'agissait d'un livre écrit sur les événements de *Fukushima*. Trop loin de mon univers habituel, ce petit roman a été un véritable échec. Il ne reposait sur rien. Il ne rentrait dans aucune case. Il a pourtant été très agréablement reçu par ceux qui l'ont acheté et lu. Mais peut-être un autre éditeur avec d'autres réseaux aurait pu en faire un succès. On peut rêver !

! ***Règle numéro 4 :*** *Préférez utiliser ce qui sort de votre imagination, personne ne pourra vous le contester.*

Les œuvres des auteurs, vivants ou disparus, sont protégées et c'est bien normal. Que diriez-vous si vous retrouviez votre texte plagié et imité ?

Bienvenue dans le monde du flou

Voilà, vous avez votre sujet, il ne vous reste plus qu'à écrire. Toutefois, avant de prendre la plume (ou le clavier), vous vous posez encore bien des questions. C'est normal, tout le monde se les pose. Hélas, vous le verrez, les quelques aspects que nous allons parcourir maintenant appartiennent au monde du flou et de l'incertain.

Plan, ou pas ?

L'écrivain en devenir se demande d'abord s'il est absolument nécessaire de rédiger un plan pour écrire un roman. Cette question appelle deux réponses : *« oui et non »*. Ou plutôt : *« oui ou non ! »*

Vous n'êtes pas plus avancés pour autant, n'est-ce pas ? Et pourtant, je ne puis répondre à votre place. Certains auteurs ressentent l'absolue nécessité de suivre un cadre précis, d'autres préfèrent se laisser guider par leur imagination, et par leurs personnages. C'est en fonction du caractère de chacun.

J'ai essayé, suivant en cela les conseils de plusieurs mentors ou ceux d'ouvrages spécialisés, de rédiger un plan précis de mon affaire, d'en brosser de façon détaillée chaque personnage, et de tracer un fil conducteur chargé de me guider page à page, jusqu'au dénouement final. Je pensais que c'était la seule manière de procéder. Mes débuts furent douloureux. Ne voulant à aucun prix dévier de la route prévue, je freinais considérablement mon imaginaire et ma liberté d'écrire.

J'ai donc tenté de suivre la deuxième voie.

Depuis, je me laisse diriger. La seule concession que je fais à mes maîtres du début, c'est la connaissance des deux extrémités de mon histoire : le début et le dénouement final. Il est à noter quand même que parfois, à l'approche des derniers chapitres, la fin que je m'étais fixée n'a plus cours. Elle aura été quand même la lumière à laquelle ma plume se sera accrochée.

Selon votre manière de voir les choses, ou votre caractère, selon que vous soyez un auteur méticuleux, ou un poète que l'idée même de contrainte rebute, vous agirez en conséquence. En tout cas, sachez que si vous optez pour la méthode qui vous correspond, vous y gagnerez toujours.

NB : Il n'est pas interdit, selon les cas, de mêler les deux techniques et de composer un plan (même approximatif), sans vous opposer à votre tempérament insoumis.

Les fiches personnages
Si la rédaction d'une fiche précise décrivant chaque personnage de votre roman ne vous semble pas trop lassante, n'hésitez pas à vous y consacrer. Vous noterez son nom, son âge, sa situation familiale.

Vous créerez à son intention un mini arbre généalogique, vous décrirez son activité, ses amis, ses loisirs, ses qualités et ses défauts. Vous le décrirez physiquement et psychologiquement. Plus vous relèverez de détails sur chaque héros impliqué, plus il vivra. Moi qui ai toutes les peines du monde à me résoudre à un tel travail, je suis obligé de revenir souvent en arrière pour rester cohérent. Ce n'est vraiment pas l'idéal, mais mon caractère désordonné n'arrive pas à se plier à de telles exigences. Je le regrette souvent, mais c'est ainsi !

En tout état de cause, vous êtes seul maître à bord. N'écoutez pas les donneurs de conseils trop rigides et sûrs d'eux. L'écriture n'est pas une science univoque et régie par des lois incontournables. La seule chose qui compte est le résultat final. Et le plaisir d'écrire !

Ordinateur ou stylo à bille ?

Impossible de répondre non plus à une telle question ! Certains auteurs pensent l'écriture manuelle incontournable et la considèrent même comme une preuve de qualité. J'ai maintes fois entendu des célébrités annoncer à l'antenne d'une grande radio culturelle, leur dégoût de l'ordinateur auquel ils juraient *croix-de-bois, croix-de-fer*, qu'ils ne vendraient jamais leur âme.

En tout cas, quelle que soit votre méthode de prédilection, songez que les éditeurs, surtout les moyens et les petits, vous demanderont le *cédérom* ou une clé

USB contenant le texte, pour pouvoir le travailler.

Peu de professionnels accepteront de taper votre manuscrit. Il vous restera alors la possibilité de le faire vous-même, mais cela exigera de vous un double travail.

Ou vous coûtera fort cher !

⚠️ ***Règle numéro 5 :*** *Plan, stylo ou ordi, personnages, vous détenez, cachée en vous, la vérité absolue (votre vérité absolue). Vous devez la faire émerger.*

Le premier jet

De quelle manière faut-il s'y prendre pour rédiger le premier jet ? Bonne question ! Il est normal en effet de se demander s'il faut écrire d'un seul trait de la première à la dernière phrase, ou s'il est préférable de fignoler chaque chapitre, et pourquoi pas chaque page, afin d'en faire un produit presque éditable en soi. Si fignoler chaque partie du texte semble une solution louable (qui vous fait perdre tout de même un peu de spontanéité), je vous recommande la première méthode. Mais pour certains tatillons, pourquoi ne pas essayer la seconde ?…

En écrivant d'une seule traite, emporté par le fil de votre écriture, vous garderez au texte le ton initial. Je me suis aperçu qu'en interrompant sans arrêt le flux de mon écriture, j'obtenais un récit irrégulier. C'est pour cela que j'ai abandonné la deuxième manière. Mais n'hésitez pas à l'essayer, elle peut vous convenir. Toutefois, je vous conseillerais de tenter, avant tout, d'écrire votre premier récit d'une plume ininterrompue. Par la suite, vous oserez l'autre méthode, en travaillant à fond chaque partie de votre roman, avant de passer au suivant. Puis vous comparerez. Là encore, il n'y a pas de loi universelle, juste une adaptation personnelle.

Eh oui, je vous l'ai dit, on est dans la zone du flou !

***PS :** N'hésitez pas à mixer les deux méthodes, si le cœur vous en dit. Le patron, c'est vous ! C'est toujours vous ! Car il est possible, après l'écriture d'un chapitre, d'en soustraire beaucoup d'imperfections sans pour autant le peaufiner totalement.*

Quelques idées au sujet des best-sellers

Le héros des best-sellers (quel vilain mot !) est souvent un être magnifique. Il est plus beau, plus fort, plus imbattable, plus intelligent, plus perspicace, plus riche, plus sexuellement expert, plus Américain que les autres personnages. C'est lui le boss. Ce n'est pas une raison ! Le vôtre peut être niais, bossu, stupide, etc., mais intéressant. N'imitez pas les auteurs à succès, ça ne sert à rien !… J'ai eu l'occasion de participer à l'édition d'un texte écrit par un auteur audois dont le héros est laid, puceau, bossu, inculte… et pourtant attachant… ce roman n'est pas un best-seller à proprement parler, néanmoins, il s'est quand même vendu à plusieurs milliers d'exemplaires.

Les best-sellers se déroulent souvent sur des plages paradisiaques, dans des hôtels de luxe, au milieu de filles magnifiques… Et alors ? Si vous avez envie de décrire des paysages désolés, un héros impuissant et des filles au physique commun, pourquoi vous en priveriez-vous ?

Dans les best-sellers, l'avez-vous remarqué, il se passe toujours quelque chose ? Ce n'est pas une mauvaise piste. Vous tenterez alors, en la suivant, de ne pas laisser sombrer le lecteur dans l'ennui. C'est primordial !

Votre héros sera exceptionnel, si vous en faites quelqu'un d'exceptionnel. Pas besoin de voitures rouges ornées d'un cheval cabré, pas besoin de casinos où l'argent coule à flots, pas besoin de parties fines sur le sable des Caraïbes… Ce que vous avez en vous est largement suffisant pour écrire un bon roman !

Parlons encore aventure et thriller
L'écriture varie en fonction du propos. Le roman psychologique, le terroir, le policier ou le thriller ont chacun leur rythme propre. S'il est évident dans le roman social ou le roman de terroir d'adopter un rythme lent, dans l'écriture d'un thriller, on adoptera d'autres cadences. On sera plus rapide, et on ne s'étendra pas en vaines descriptions. Si l'on change de lieu, il sera inutile de s'appesantir sur l'entre-deux. Peu importe ce que le héros va vivre entre la France et l'Italie par exemple, ce qui intéresse le lecteur, c'est ce que vivent les personnages au jour le jour. L'ellipse sera plus fréquente que dans les autres genres, et les objets physiques auront plus d'importance que les idées ou les sentiments. Le verbe dominera.

Mais j'avoue ne pas être fan de ces thrillers, pourtant très lus, qui mettent leurs personnages dans des situations impossibles et surtout inextricables. J'ai lu par exemple un roman américain dont le héros se trouvait dans une chambre fermée en compagnie de cinq personnes armées qui avaient pour mission de l'éliminer. Lui, il ne possédait aucune arme, cinq canons de pistolets touchaient sa tête… il s'en est tiré ! Là, devant une telle impossibilité rendue possible par le seul fait de l'écriture, je décroche. Je sais que lire c'est rêver, mais personnellement j'ai besoin d'un peu de réalisme. Cependant, j'admets volontiers que ce genre de littérature plaise à un certain public…

Vos personnages

Il paraît évident que les personnages joueront un rôle primordial dans la réussite de votre entreprise. Ils seront donc particulièrement bichonnés. Leur personnalité, leur caractère, leur mode de vie, leur environnement social et matériel, leurs goûts, leurs passions, seront développés. Nous verrons plus loin quelques trucs destinés à les rendre plus vivants, plus réalistes, plus humains.

***Mon conseil :** Créez des personnages très tranchés. Ils ne ressembleront pas à monsieur tout le monde, et leur présence à l'endroit où vous les aurez placés ne passera pas inaperçue. Un individu plat et sans relief psychologique, sans tic, sans trait particulier, risque de ne pas rallier beaucoup de suffrages.*

C'est la guerre ?

N'ayez pas peur des oppositions. Deux personnages qui s'opposent apportent toujours du piquant au récit.

Bien sûr, l'un d'entre vos héros incarnera le côté positif, quand l'autre ou les autres se chargeront du côté négatif. Cela mènera à de belles batailles.

Ils ne doivent en aucun cas ressembler à des statues. Ils évolueront, bougeront, au rythme du roman (nous en reparlerons au chapitre conversations).

Très important : Le personnage principal ne sera pas identique à lui-même tout au long du roman. La traversée de l'histoire l'aura profondément transformé. Sinon à quoi auraient servi toutes ces pages noircies ?

Une question primordiale

Les personnages font-ils l'histoire, ou sont-ils les fruits de l'histoire ?

Tout est possible bien sûr. Si vous tenez le bon gros personnage qui ne laisse ni votre belle-mère ni votre copine de bureau indifférentes, n'hésitez pas à inventer pour lui mille péripéties. Il prendra la place centrale, se heurtera à des contradicteurs, mais imposera sa patte au roman. N'hésitez quand même pas à le teinter d'humanité… Car il ne faut pas qu'il écrase le reste du roman. Il y aura une vie en dehors de lui et de sa personnalité majeure.

Mais si tel n'est pas le cas, plongez vos héros dans un univers qui les fera briller.

Si vous utilisez des personnages ayant existé (biographies ou romans historiques), documentez-vous suffisamment pour présenter au lecteur un portrait précis et proche de la réalité. Utilisez toutes les sources d'information possibles (archives, tableaux, photos, descriptions littéraires, etc.). Pensez à immerger vos héros dans un univers qui ressemble au leur. Songez à leur attribuer des caractères, des mots, des attitudes adéquats. Par exemple, il ne serait pas heureux d'attribuer à un chevalier du Moyen Âge des pensées et un comportement trop modernes. Sauf bien sûr si on écrit des récits humoristiques.

Le héros peut-il être un minable ?

Dans les premiers romans, le héros était un être exemplaire. Son caractère très fort ne laissait pas indifférent. Toutefois, si l'envie vous prend de mettre en lumière un personnage sans consistance, sans personnalité et qui ne fait pas rêver, ne vous en privez pas. Mais il faudra qu'il vive des choses passionnantes, sinon le lecteur vous abandonnera sans tarder.

Voyons un peu ce qui se passe chez les autres

Tel auteur très lu en France (Guillaume Musso) avoue qu'avant d'écrire un roman, il se gorge d'émotions de lecture et observe tout ce qui se passe autour de lui.

D'autres écrivent à l'intuition, confiants en leur imagination débordante.

Colette, elle, écrivait sans plan, et se laissait guider par l'histoire.

Un autre aura besoin de créer des fiches personnages, de travailler sur photos, tableaux, etc. pour dépeindre des lieux. Tel autre encore ne pourra raconter que des faits historiques avérés.

Alexandre Dumas ressentait la nécessité de réciter ses textes à voix haute. Il utilisait également les services d'un secrétaire à qui il dictait ses histoires.

Vous le voyez, tout est possible, et il n'y a pas de règle stricte en la matière…

De mon côté, je travaille en mixant toutes ces solutions. J'aime bien posséder une image des paysages que je décris. Mes personnages sont souvent empruntés au réel, et mes histoires reposent sur une réalité historique que je romance.

Quant à la lecture à haute voix, je m'y adonne parfois pour des textes qui me paraissent embrouillés.

Il faut retenir de tout cela que chacun doit créer sa propre manière de procéder. Et surtout qu'imiter les autres, même les plus célèbres, ne sera pas obligatoirement approprié à votre propre cas. Imaginez, imaginez, votre esprit est tout autant capable de mettre en place des solutions aux problèmes, que celui des célébrités de la plume. Un cerveau qui cherche est un cerveau qui se forme. Au bout du compte, plus vous avancerez, plus votre imagination sera fertile.

! *Règle numéro 6 : Observez comment faisaient ou font les autres, mais surtout ne les copiez pas. Ne luttez pas désespérément contre le sommeil, pour la seule raison que votre auteur préféré écrit la nuit. Trouvez votre propre rythme !*

Le monde n'est plus le même

Depuis Balzac, Proust, Daudet et consorts, le monde a bien changé. Ces grands hommes publiaient à une époque où l'offre littéraire était moindre (la demande également). Ils écrivaient, alors que l'image était une denrée rare. De leur temps, pas de cinéma, pas de télévision, pas de photographie couleur, pas de magazines. L'image naissait sous leur plume.

Aujourd'hui, l'offre littéraire est immense, et la télévision a remplacé, à moindre effort, les images mentales véhiculées par la chose écrite. À méditer !

Des modèles ?

En réalité, le seul modèle imitable par vous, c'est vous. Inspirez-vous des autres, mais ne les copiez pas. Rien ne prouve que vous n'êtes pas supérieur, sur tel ou tel aspect de l'écriture, à vos illustres devanciers. Alors, ayez foi en votre propre savoir-faire, allez chercher au fond de vous-même ce qu'il y a de plus spécifique. Chaque homme est unique. Soyez un écrivain unique. Inventez, inventez… Bien sûr, cela n'empêche pas d'avoir pour tel ou tel écrivain une grande admiration. Tendez vers vos maîtres, mais ne cherchez surtout pas à les imiter, cela donnerait un sous-produit. Je voue quant à moi une grande admiration à Maurice Genevoix, sa manière d'écrire les histoires, le ton particulier de ses romans, son vocabulaire, sa simplicité, en font sans doute un des plus grands écrivains de l'histoire récente de notre pays. Pourtant, je sais que cette manière d'écrire n'a plus cours aujourd'hui. Se couler dans ses pas serait suicidaire. Ce que je prends chez lui, c'est son sens des mots, de la précision, sa musique. Ce n'est pas lui qui m'a donné envie d'écrire, mais c'est lui qui m'a poussé sur le chemin abrupt du travail acharné.

Écrire, d'accord, mais quand ?

C'est une question que tous les débutants se posent. Ils se demandent si le talent de tel ou tel, ou même si le talent en général, n'est pas lié aux horaires d'écriture. D'aucuns, à l'instar d'une Amélie Nothomb, adorent écrire le matin. D'autres au contraire préféreront le soir, lorsque la ville ou la campagne s'endorment. Des auteurs disponibles l'après-midi consacreront à l'écriture leur temps libre. Mais ôtez-vous de la tête que le choix des heures peut changer notablement le rendu final du texte. Non, il s'agit seulement d'adaptation. On ne fait pas toujours ce que l'on veut. Et moi qui suis plutôt du matin, à cause de mon travail éditorial, je suis obligé d'écrire le soir. On s'y fait !

Ne vous formalisez pas trop, la passion l'emporte toujours !

Dur ou facile d'écrire ?

Chaque cas est différent. Pour certains auteurs, l'écriture est un acte facile. La passion est dévoreuse, et l'exercice quasi obligatoire. Pour d'autres, dont je fais partie, écrire est une souffrance, mais une souffrance nécessaire. Sans elle, ils seraient, nous serions en manque.

C'est pour toutes ces raisons que beaucoup d'auteurs indiquent que leur pratique de la chose écrite passe par une organisation sans failles : des heures précises et incontournables, une hygiène adaptée, un cérémonial sans cesse répété, des habitudes confortablement installées, etc.

Et la passion ? me direz-vous.

La passion trouve toujours sa place dans l'enchevêtrement des obligations. En vérité, toutes ces formalités qui semblent contraignantes sont à son service.

Alors, on commence ?…

Plongée en écriture

Voici quelques menus conseils préparatoires. Chacun participera, j'espère, à votre avancée sur les sentiers sinueux, mais passionnants de l'écriture.

On a bien dégrossi l'affaire, l'envie est là, et les principales réticences ont fait florès. Tout est prêt ! Pourtant, de nombreuses questions restent encore en suspens. N'ayez pas peur, on va essayer d'y voir un peu plus clair.

Commencer ? Mais comment et par où ?

On verra plus loin l'importance de l'accroche du roman pour séduire le lecteur et le responsable manuscrit des maisons d'édition. Important ! Très important même ! Mais au-delà de ce seul plaisir de convaincre, il faut décider de quoi sera composé le début du roman. C'est-à-dire à quel moment de l'histoire, vous allez le commencer. À la mort du héros ? Au jour de son mariage ? Au milieu d'une course-poursuite ? D'une scène d'amour ? Dans un moment de grande difficulté ?

Tout est possible bien sûr, mais ce qui est primordial, c'est de privilégier un moment fort. Le héros est en fuite… Il est confronté à l'agressivité de ses ennemis… Il tente de séduire une fille interdite… Sa maison est en flammes… Dans tous les cas, l'histoire commencera par un fait marquant… Rien ne m'horripile plus que ces romans qui démarrent sur : *« Naples est une petite ville d'Italie d'une population de… située… »* Autant lire une encyclopédie…

Moi, lecteur, je veux être pris et surpris, je veux avoir envie de sortir de la fournaise, je veux adopter immédiatement les peurs et les interrogations des héros avec lesquels je vais partager un grand moment…

⚠ *Règle numéro 7 : Débutez toujours par un moment important de l'histoire, le lecteur vous suivra sans réfléchir…*

Quand une idée passe…

Ne la laissez pas partir. Tout est bon, du détail le plus infime au projet le plus fou. Quand votre tête est traversée par quelque idée maline, notez… Ayez toujours un carnet ou un bout de papier sur vous. Une parole entendue, une dispute, un commerçant singulier, un reportage vu à la télévision… rien ne doit vous échapper…

Un jour, vous serez heureux de redécouvrir ces trésors enfouis. Ce qui ne sert pas aujourd'hui servira demain.

Soyez des as du point de vue

Qui parle ? De quel point de vue l'histoire va-t-elle être racontée ? En la matière, tout est possible. Mais il faudra éviter tout de même l'excès d'originalité :

un chien, un caillou, un poisson rouge, une maison, en tant que narrateurs principaux peuvent, pourquoi pas, apporter cette fibre de folie nécessaire à tout chef-d'œuvre, toutefois, attention à ne pas tomber dans l'absurde.

On peut concevoir à la rigueur, qu'une maison ayant abrité des humains puisse s'exprimer, mais comment croire vraiment qu'une fleur, un cendrier, une cigarette, un escalier, ou un rocher, puissent donner leur version des faits ?

J'y adhère difficilement.

J'ai été amené à corriger un roman dont l'histoire est racontée, séparément par un garçon et une fille embarqués dans une même affaire professionnelle, et qui se détestent. Le propos était original et bien maîtrisé. Il pouvait déranger parfois.

De mon côté, j'ai tout essayé, mais je dois avouer que ce fut avec des bonheurs bien différents. Le « Je » est classique, très utilisé, mais il cantonne la narration à l'univers du héros. Le « Tu » l'est moins, il implique une proximité presque intime du narrateur et du sujet principal du livre. La narration à la troisième personne (il ou elle) est assez courante. Elle correspond à un certain détachement. Le point de vue du « Nous » ne se voit que très rarement. Mais pourquoi pas ? En principe, il est utilisé par un narrateur qui parle de lui et de quelqu'un d'autre. Une histoire de couple quoi ! On l'utilisera préférentiellement pour décrire un univers mélancolique. Idem pour le « Tu » qui cantonne l'histoire à un périmètre restreint. Le personnage qui raconte en employant le « Tu », ne verra pas plus loin que le bout de son nez.

⚠️ ***Attention !* :** Si vous personnalisez trop le narrateur, si vous écrivez en prêtant le récit à l'un des héros de l'aventure, il ne pourra connaître, à l'évidence, que son environnement proche. Jamais il ne sera au courant des pensées du suspect, du voisin, du patron, de sa propre femme ou de son copain (sauf à écrire un texte peu crédible)… Il n'aura pas la moindre idée du monde invisible, du passé des gens, de ce qui l'attend au coin de la rue. Dans le cas d'un narrateur externe, c'est le contraire, il saura tout et pourra le faire savoir aux lecteurs. C'est le regard du Dieu qui régit le monde. On ne peut rien lui cacher. C'est également une voix neutre.

Dans le cas du regard personnalisé, vous devrez trouver des biais pour rendre parfaitement compte des faits. Dans le second, vous aurez toute latitude de raconter.

Je me suis heurté souvent au problème de la personnalisation du narrateur, et j'avoue m'y être cassé les dents. C'est un aspect capital de votre travail. Une grande et profonde réflexion s'impose comme préalable à tout début d'écriture.

NB : *Mes propres romans sont souvent racontés par l'un des participants. Cela leur donne une dimension personnelle qui plaît beaucoup. Mais je me prive du super œil qui domine tout. C'est un choix. Pas facile !*

⚠ Mon conseil : *Dans le cas où votre roman regorgerait de personnages, le choix d'un narrateur extérieur serait préférable à celui d'une personnalisation. Sinon, vous pouvez tenter un mixage entre les deux (un narrateur extérieur qui raconte certaines scènes, et un narrateur intervenant qui en raconte d'autres), mais attention, vous risquez de tomber rapidement dans le grotesque. Ou l'incohérent.*

Faire participer le lecteur, pourquoi pas ?

On peut garder ses distances et raconter de manière magistrale, ou se rapprocher du lecteur et devenir son ami, son confesseur, son confident. Sans en abuser bien sûr ! Pour cela, il n'est pas interdit de lui confier au creux de l'oreille des : *« Comme je vous l'avais déjà dit »*, des *« Voyez-vous »*, des *« Vous vous doutez bien que… »*, et autres paroles intimes dont il raffolera. Cependant, si votre œuvre doit se multiplier, vous veillerez à ne pas employer cette ficelle dans tous vos romans…

Phrases longues ou phrases courtes ?

Souvent l'apprenti écrivain qui ne maîtrise pas sa prose se laisse guider par ses propres désirs ou peut-être ses propres difficultés d'écriture. Pourtant, surtout si vous débutez, n'hésitez pas à suivre le fil conducteur suivant :

Action lente et qui dure, phrase longue, action brève, phrase courte.

Certes, ce n'est pas une obligation intangible, ni une technique employée par tous les auteurs grands ou petits, mais c'est une manière de prendre un minimum de risques. La phrase dont la longueur sera adaptée au rythme de l'action parlera mieux au lecteur.

Prenons un exemple :

Au lieu de *« Le fauteuil en osier de la chambre des parents, en se brisant, craqua d'un bruit sec »*, je préférerais lire : *« Craaaac ! Le fauteuil en osier se brisa net ! C'était celui de la chambre des parents »* N'hésitez pas à rendre votre propos vivant !

La manière d'écrire sera modérée en fonction de l'histoire. Si vous racontez la course d'un homme essoufflé, ne dites pas : *« L'homme courait depuis une heure déjà, essoufflé qu'il était par les levées du chemin, le souffle brisé, le cœur à cent à l'heure. »* Mais plutôt : *« L'homme courait depuis une heure déjà. Essoufflé. Éreinté par les levées du chemin. Le cœur à cent à l'heure. »* Le rythme haché de la phrase imite la respiration haletante du coureur. Pour la circonstance, le lecteur ne vous tiendra pas rigueur de ces phrases incomplètes. Bien au contraire !

C'est à vous de déterminer si telle ou telle situation nécessite une phrase longue ou courte. À vous ! Mais trop souvent, l'apprenti écrivain se plaît à entortiller son action dans des phrases interminables. Il croit que longueur est synonyme de qualité. *Que Nenni !* Rien n'est moins qualitatif qu'un texte embrouillé dans des phrases trop longues. Son rythme s'en ressent.

Retenez surtout que la phrase longue doit être parfaitement maîtrisée. Le rythme, c'est vous qui le déterminez, et non le hasard d'une imagination fertile.

Alternez les longueurs

La monotonie de phrases identiques endort à coup sûr le lecteur. Alternance est le maître mot. Nous l'avons déjà vu ailleurs, mais je dois le répéter ici : varier les tournures et les longueurs musclera votre texte.

Halte aux cadences infernales !

Alterner les phrases longues et les phrases courtes est une nécessité, mais que faire à l'intérieur même des phrases ? Car de la cadence de lecture vient également la musique littéraire.

La phrase peut être :
Simple : *Ce garçon ne me disait rien.*
Binaire : *Ce garçon ne me disait rien, malgré la parenté qui nous reliait.*
Ternaire : *Ce garçon ne me disait rien, malgré la parenté qui nous reliait, et que je lui rappelais sans cesse.*
Bien sûr, on peut aller plus loin et créer des rythmes doubles : deux fois binaires (quaternaires), deux fois tertiaires, ou même quinquénaires. Le principal étant d'alterner, et d'obtenir la musicalité recherchée.

Un texte pour exemple :

La voiture roulait à vive allure (une proposition). *La voiture roulait à vive allure, et dépassait toutes les automobiles qui la devançaient* (2 propositions). *La voiture roulait à vive allure, et dépassait toutes les automobiles qui la devançaient, sans s'imaginer qu'à moins de cinq cents mètres, un camion renversé obturait le passage* (3 propositions).

Alterner ces différentes structures est positif, à condition de ne pas tomber, là non plus, dans l'excès et le systématisme.

Rythme ascendant : Et pourquoi ne pas démarrer sur une proposition simple pour finir sur des propositions plus alambiquées : *Je l'aimais très fort. Et elle me le rendait bien parfois. Surtout les soirs où, à la pleine lune, elle venait chanter sous mes fenêtres.*

Ou le contraire : *Je ne voyais que toi, immobile et en pleurs. Belle dans ta solitude. Désespérée.*

La période : On peut également alterner les rythmes au sein même d'une très longue phrase (on parle alors de période), dans laquelle cohabitent plusieurs propositions. Tentons un exemple : *La lune déclinait, lumineuse et triste, solidement plantée sur la soie noire de la nuit, cafardeuse, accompagnée dans sa solitude par des myriades d'étoiles réunies en troupeau, ou rejetées au loin, dans un ciel inquiétant, comme punies.*

Dans cet exemple, on alterne les longueurs des propositions jusqu'à apporter un certain rythme à la description. Comme un scintillement. Plus la période sera longue, plus on aura besoin d'alterner !

Maîtrisez : Si vous aimez les phrases longues, utilisez-les autant que vous le désirez, mais de grâce, ne faites pas comme certains auteurs amateurs qui se perdent eux-mêmes dans leurs propres mots, et qui ne savent plus, à la fin, ce qui les a fait démarrer. Maîtrisez. Relisez à voix haute vos phrases longues en vous demandant ce qu'elles veulent dire… Vous serez surpris, parfois…

Paragraphe long ou paragraphe court ?

La longueur des paragraphes ne participe pas tellement au rythme général du texte, même si les anciens tentaient de présenter des portions de longueurs à peu près égales. Les modernes ne s'en inspirent pas toujours. Refusez de multiplier les paragraphes. On voit arriver beaucoup de textes où l'auteur confond phrase et paragraphe. Chacune de ses phrases bénéficie d'un saut de ligne, ce qui hache considérablement la lecture. À éviter. Absolument.

Il est utile de rappeler ici la définition de la phrase, du paragraphe, et du chapitre :

La phrase expose une idée et une seule, qui peut, à l'occasion prendre des chemins détournés.

Le paragraphe est un ensemble de phrases qui gravitent toutes autour d'une réalité commune. Le paragraphe se caractérise donc par son unité de sens.

Le chapitre est une entité en soi. Il pourrait exister seul. Les paragraphes qui y sont juxtaposés doivent être liés entre eux par une certaine cohérence.

Toutefois, il n'est pas rare de rencontrer, au fil de nos lectures, des chapitres de longueurs inégales. Mais, là aussi, l'abus n'est pas conseillé. Si à l'occasion vous avez peu à dire sur tel ou tel sujet compris dans votre narration, dites-en peu, quitte à raccourcir de façon anormale le chapitre concerné.

Soyez concis, le ciel vous le rendra

Écrire court et précis est l'un des atouts de l'auteur. Un propos trop délayé perd de sa force. Décrire un grain de sucre en quatre pages risque de lasser le lecteur. Maintenant, si la chose est bien faite, avec originalité et intelligence, si ce grain de sucre devient le héros involontaire d'une aventure extraordinaire, pourquoi pas ? Il m'est arrivé de lire un long texte d'un auteur sud-américain, qui racontait la montée d'un escalier. C'était passionnant !

Vous le voyez, tout est possible en écriture, à condition d'y mettre du cœur.

Au sujet de la concision, petite histoire personnelle

Après avoir tapé le mot fin au bout de mon premier roman, j'ai eu le courage (allez savoir comment), d'appeler une maison d'édition nationale dont j'avais relevé l'adresse dans un journal professionnel. J'avais préparé mon intervention au sujet de mon histoire. En fait, j'avais secrètement le désir d'en mettre plein la vue à mon interlocuteur. « Comment un tel professionnel pourrait-il encore m'ignorer après ce que je vais lui dire ? » me demandais-je. Je pensais que mes écrits allaient révolutionner le monde littéraire, et ne doutais pas que l'on me prierait d'envoyer mon manuscrit dans les meilleurs délais. Je me trompais lourdement !

Rien ne s'est passé comme je l'avais souhaité. Mon interlocuteur ne me posa aucune question sur mon sujet, sur ma manière d'écrire, sur mes personnages, sur mes recherches historiques. Il me demanda seulement :

— Combien de caractères comporte votre livre ?
— Combien de caractères ?

Je ne comprenais rien !

Il m'expliqua (ou plutôt elle m'expliqua, car, je l'appris par la suite, il s'agissait d'une *auteure* fort connue), comment trouver sur mon ordinateur le nombre de caractères de mon roman (espaces compris). Je lui annonçai fièrement un chiffre qui ressemblait au montant du dernier loto.

— Cher Monsieur, vous savez ce que vous allez faire ?

Elle me conseilla de diviser ce nombre en deux.

— Coupez, coupez, et vous verrez que votre texte en sortira renforcé.

Couper d'accord, mais en deux !

Très déçu de n'avoir pas soulevé l'enthousiasme de cet éditeur-là, je raccrochai, décidé à m'exécuter tout de même. Cette petite aventure, perçue comme un échec, m'apprit la concision. Et la modestie !

Mon texte s'en trouva nettement amélioré, en effet. Il prit de la force. Par la suite, j'ai fait mien ce précepte fort utile.

Ce premier roman, retravaillé et terriblement raccourci, a été réédité plusieurs fois. Il a connu et connaît toujours un succès très appréciable.

Depuis, dans la plupart des cas, nous demandons à tous les aspirants à l'édition de raccourcir leur texte. Ils le font très souvent en grommelant, comme si effacer quelques pages de leur écriture leur arrachait le cœur. Et pourtant !

Orgueil quand tu nous tiens !

Le ciseau sera votre plus belle arme, amis de la plume. N'hésitez pas à l'utiliser, et même à en abuser, votre éditeur d'abord, votre lecteur ensuite, vous remercieront de cette audace.

Voici un truc pour éviter les longueurs

Considérez chaque chapitre individuellement, et posez-vous à son sujet la question suivante : *« Si je le supprime entièrement, mon histoire fonctionnera-t-elle encore ? »* Souvent la réponse est oui, mais… Il suffit alors de transporter quelques détails importants dans les chapitres précédents ou suivants, pour pouvoir cisailler à loisir.

Dans un chapitre, faites de même pour les paragraphes, et à l'intérieur des paragraphes, pour les phrases.

De cette manière, on ne garde que l'essentiel, quitte à renforcer le texte par des ajouts ciblés.

Il m'arrive souvent de rayer 50 ou 60 pages d'un roman, sans pour cela le dénaturer. Au contraire !

N'ayez pas peur de couper, la littérature vous en saura gré ! Et n'hésitez pas à lire les auteurs minimalistes, comme Philippe Delerm, leurs textes vous éclaireront.

Une autre petite anecdote :

Un journaliste demanda un jour, à un écrivain très connu : « Qu'avez-vous fait aujourd'hui ? » L'auteur lui répondit qu'il était très heureux d'avoir ajouté à son roman, le mot qu'il cherchait depuis des jours.

Le lendemain, le même journaliste rencontra le même écrivain et l'interrogea à nouveau.

— Aujourd'hui, répondit l'homme de lettres, je suis particulièrement satisfait, car j'ai effacé le mot que j'avais ajouté hier…

Cette historiette rapportée comme véridique montre clairement qu'effacer peut devenir un acte jubilatoire… Alors, à vous de jubiler…

Les énumérations

Qu'y a-t-il de plus lassant qu'une longue énumération ? Deux longues énumérations sans doute. Les manuscrits en regorgent, et j'avoue que souvent, à cause de la monotonie engendrée par ce procédé, j'ai une envie folle de laisser tomber. Il faut réagir !

Alors, n'écrivez pas : « Devant moi, il y avait une vache, un cochon, un taureau, une poule et son poussin, un chien de berger, un cheval, un ânon et la maîtresse de maison ». Préférez : *Devant moi, il y avait une vache aux flancs rouges et blancs, un cochon plus sale qu'un cul-de-basse-fosse, un taureau, une poule et son poussin, un chien de berger à l'aspect débonnaire, un cheval, un ânon énervé, et la maîtresse de maison*. En coupant le rythme de l'énumération, on tient le lecteur en éveil.

Pas si difficile que ça, en fait !

Les conversations

Nous y voilà ! Elles sont la colonne vertébrale du texte. C'est par elles que les personnages vont exister. Pour moi, la conversation textuelle est un véritable cadeau du ciel. Elle vous permet de caractériser vos héros, de leur donner un accent, de les faire bouger (nous le verrons plus bas), de régler les oppositions entre eux, de poser les problèmes, de faire rebondir l'affaire. En bref, la conversation est un art que l'écrivant doit parfaitement manier s'il veut connaître un minimum de succès.

Un jour, en dédicace, une dame a ouvert un de mes romans (peu riche en conversations, car il s'agissait pour la circonstance de la vie d'un soldat solitaire), et m'asséna : *« Je vois que votre roman est raconté »*. J'ai saisi seulement après son départ, que sa remarque signifiait : *« Il y a peu de conversations… »*

Le texte était compact en effet, et je l'avoue assez peu aéré.

Les conversations peuvent mettre en présence deux personnages, parfois trois, quatre à l'occasion. Je vous déconseille d'inviter trop de protagonistes, car l'exercice s'avérerait particulièrement compliqué. J'ai une préférence pour les conversations à deux, car elles peuvent s'apparenter à un combat. Si vous campez deux personnages qui ont les mêmes idées, que rien n'oppose, et qui n'ont rien à se dire, de grâce ne les faites pas parler, ce serait gâcher votre énergie, et quelques feuilles de papier. Évitez également ce genre de platitudes rencontrées trop souvent, hélas, dans les manuscrits :

— Allô !
— Allô, qui est à l'appareil.
— C'est Jeanine !
— Jeanine ! Comment ça va ?

— Très bien, et toi ?

— Pas si mal, ma foi, un peu fatiguée !

— Tu m'appelais pourquoi ?

— Oh pour trois fois rien !

Ce type d'échange téléphonique, qui n'apporte rien à l'histoire, a sans doute causé la mort d'un pauvre arbre. À éviter absolument ! Sauf bien sûr, si vous voulez spécifiquement faire comprendre au lecteur que ces gens n'ont rien à se dire.

! ***Très important !*** Veillez à faire attention au niveau dialectique de vos personnages. J'ai lu dans un manuscrit fort justement refusé, des propos d'un niveau Science Po, alors que l'individu qui était censé les tenir, ne pouvait même pas, selon les descriptions de l'auteur, se targuer d'avoir obtenu son certificat d'études. C'était du genre :

La vieille femme releva doucement la tête.

— Mémé, comment te sens-tu ?

— Mieux, ma fille, j'ai éprouvé mon corps de façon empirique, et ce que j'en ai déduit, même si ce n'est pas exhaustif, me conduit à me montrer satisfaite du traitement. »

Ce ne serait pas choquant, si la vieille femme en question était une avocate à la retraite ou une intellectuelle. Ce n'était pas le cas ! Là, l'exemple semble exagéré, mais ne vous y trompez pas, ce n'est pas une rareté.

Alors, surtout mettez dans la bouche de vos personnages des paroles qui correspondent à leur niveau social, à leur culture, à leur niveau d'étude, à leur âge, etc. Une mémé qui emploierait le parler des adolescents serait totalement anachronique, idem pour le contraire… Sauf en cas de volonté délibérée de l'auteur.

La crédibilité de votre plume est en jeu.

Mots, phrases, et petits trucs

Argot, termes techniques, etc.

Beaucoup de romans que nous sommes amenés à lire contiennent pléthore de mots issus de l'argot ou empruntés à des domaines professionnels spécifiques. Car certains novices n'hésitent pas à truffer le texte de termes argotiques qui, abus oblige, confèrent à leurs écrits un air de joyeuse pagaille. Dernièrement, un auteur amateur qui planchait sur un roman policier me demanda s'il pouvait utiliser des termes couramment employés par les gendarmes pour donner à son texte une certaine couleur professionnelle. À cette question, une seule réponse : Oui, mais avec parcimonie !

Car l'excès de termes issus d'un univers extra-littéraire risque de fatiguer le lecteur. Je lui ai conseillé de n'en utiliser que très peu, et préférentiellement au cours des conversations. Ainsi, il aurait l'occasion de caractériser ses personnages, et de les faire tremper dans un monde déterminé.

Couleur locale certes, mais sans excès.

Il en va de même avec les catalanismes, les termes de patois, d'Occitan, de Breton, d'Alsacien... les idiomes locaux, les mots issus de l'ancien français, etc. Il ne faut pas en semer à tout va, au risque de faire ressembler votre travail à un dictionnaire. Ou à un champ de mines.

On imagine mal un tel texte :

« Il poussa le plumetis, et hucha longuement. Un roulier sortait de la vente, après avoir traversé la cépée tout gadrouillé d'ocre, de la rive jusqu'au fort des bois. Il saignait de la chevillure et malgré le port hiératique de sa tête, et le fredon qui sourdait de sa bouche, on devinait en lui un fouailleur ». Ou celui-ci : *« L'oystoir, ce bel oysel, survola ma parentèle, et fondit sur une haridelle qui tirait une tomberée. Icelle trilarda un instant et se tint bientôt à recoi… »*

La compétence de l'auteur en matière de termes anciens n'est certes pas à prouver, mais le plaisir de lecture n'est pas là. Si chaque mot, si beau soit-il, est une difficulté pour le lecteur, le livre risque de rester longtemps perdu au fond d'un tiroir. D'ailleurs, aucun éditeur ne se hasarderait à produire un tel travail.

Autre chose… Pour les termes de patois ou issus d'univers trop spécifiques, une note de bas de page n'est jamais superflue.

Le registre lexical

C'est le cadre social et temporel dans lequel vous situez votre histoire. Votre texte doit conserver une unité lexicale correspondant au lieu, à l'époque, au milieu social, dans lesquels vos personnages se débattent.

Il m'est arrivé d'avoir à lire un texte sur la lutte

des Indiens pour leur survie. Le cadre lexical était souvent bafoué de façon légère, jusqu'à un certain moment où je fus stupéfait de lire : « *Son cheval filait à la vitesse d'une formule 1.* » Que venait faire cette formule 1 au XVIIe ou XVIIIe siècle. Le charme était définitivement rompu.

Surtout ne pas introduire d'incohérences de ce style dans votre texte, le lecteur s'en trouverait irrémédiablement déçu.

Les mots ont leur importance, vous en conviendrez. Ainsi, si vous écrivez une histoire qui se déroule au Moyen Âge, vous n'hésiterez pas à faire couleur locale en utilisant sans excès, je le répète, des : « *Proton-minet* », des « *cuistre* », des « *diantre* » et autres idiomes de ce temps. Vous refuserez bien sûr les « *bof* », « *super* », « *génial !* » « *Méga tuf* », et autres expressions que l'époque ne connaissait pas.

Bien sûr, le seul registre à respecter n'est pas le registre historique. Le cercle social, le lieu, doivent également prêter à des registres précis. Si vous promenez votre héros dans une banlieue de Calcutta au milieu des misérables, les comparaisons du style : « *Rempli comme un pot de caviar* », sonneront faux.

De nombreux dictionnaires spécialisés (dictionnaire de la couleur, dictionnaire des métiers, dictionnaire de la mer, dictionnaire du vin, dictionnaire des odeurs, dictionnaire des terroirs, etc.) vous aideront à préciser votre environnement. De cette manière, vous donnerez à votre travail une touche d'authenticité qui tiendra le lecteur bien au chaud dans l'univers que vous avez choisi.

Cependant, n'en abusez pas. La parcimonie, je crois l'avoir déjà dit, est l'une des armes majeures de l'écrivain.

Plus loin, nous parlerons de la rigueur historique… Mais ça, c'est une autre histoire.

***NB :** La lecture de textes correspondant au vôtre, surtout ceux écrits par des historiens notoires, vous apportera beaucoup. Comment par exemple écrire un texte sur la Grande Guerre sans lire au préalable « Ceux de 14 », de Maurice Genevoix. On y trouve tout, l'argot, l'armement, l'ambiance, les particularités de l'époque, etc. Qui plus est, à la lecture de ce genre d'auteur, on apprend l'humilité. Je ne crois pas qu'une personne qui n'a jamais lu puisse écrire convenablement… Hélas, il en existe, mais ça transparaît dans leur prose.*

Comparaisons et métaphores

Ce sont des figures délicates à manier. Non qu'elles soient difficiles à construire, mais on tombe facilement dans le lieu commun ou l'exagération. Une bonne comparaison sera, on s'en doute, une comparaison inédite. Car la facilité en la matière est coupable. Vous éviterez donc les *« rapide comme l'éclair »*, les : *« beau comme un soleil »*, *« fort comme un Turc »*, *« riche comme Crésus »*, *« fier comme Artaban »*, etc. qui n'apporteront rien d'original à votre propos. Inventez… imaginez des rapprochements improbables, sculptez des mots composés. En deux mots : amusez-vous. Mais n'oubliez surtout pas le registre…

encore lui ! Car dans un livre sur les cathares, si vous écrivez : *« Riche comme un Américain »*, vous ferez sursauter le premier lecteur venu. L'Amérique en effet a été découverte largement après la disparition du dernier cathare.

Mais en respectant le cadre lexical, tout est permis.

Vous pouvez, selon les cas, prendre une comparaison habituelle et la reformater. Exemple : *« Rapide comme une fermeture éclair »* (à la place de Rapide comme l'éclair), ou le célèbre *« Fier comme s'il avait un bar-tabac »*, de Coluche. L'originalité est la bienvenue en la matière.

Rendus à ce point, vous vous demandez, sans doute avec raison, quelle est la différence entre comparaison et métaphore. Dans le cadre de mes ateliers d'écriture, j'enseignais cette chose simple : la comparaison met toujours en présence des mots comparatifs : « comme », « tel », ou « semblable à » Exemple : *« Noir comme la nuit »*.

Dans la métaphore, si vous arrivez à supprimer le mot comparatif tout en gardant sa valeur à la comparaison, vous aurez gagné : *« On voyait une serpe lumineuse plantée au milieu de la nuit »*, en lieu et place de : *« On voyait la lune, semblable à une serpe lumineuse plantée au milieu de la nuit »*. Inutile dans le premier cas de préciser de quoi il s'agit, le lecteur a compris tout seul. On est dans la métaphore réussie.

C'est là que votre imagination va être mise à rude épreuve. Plus vous serez délicatement originaux, plus votre métaphore fera de l'effet.

L'alliance d'univers différents n'est pas interdite, à condition de ne pas choquer : *« Le taillis de tes cheveux »*, ou bien : *« Le puits sans fond de tes pensées »*, etc. Mais comme toujours, la parcimonie sera votre meilleure alliée.

Il existe d'autres métaphores dites « filées », qui laissent couler le sens d'un objet à l'autre. Dans ce cas, un troupeau de moutons pourra représenter la nuée des hommes… Une porte, la mort, un oiseau dans son nid un enfant espéré…

Mais attention, il ne faut surtout pas tomber dans l'excès de ces auteurs qui devant un objet, en voient immanquablement un autre. Ils observent une bougie et décrivent une étoile, ils traversent un ruisseau, et enjambent un miroir. Pour eux la lune est immanquablement un visage, un mas perdu à l'horizon un bateau dans la brume, la forêt une cathédrale, la nuit une prison.

Chacune de ces métaphores est valable sans doute, mais de grâce, n'en truffez pas vos textes ! Un arbre est encore plus beau quand on l'appelle arbre, et la mer peut encore être nommée mer sans risque pour l'auteur d'être ridiculisé.

Là encore, rareté et qualité font merveille.

La nominalisation

Afin d'alléger votre texte, n'hésitez pas à nominaliser certains verbes quand cela est possible. Mais c'est souvent possible ! Au lieu de : *« C'est lui l'homme qui a tué le commerçant »*, dites plutôt : *« C'est lui l'assassin du commerçant »*. Ou à la place de : *« On avait préféré écouter les revendications… »* préférez : *« On avait privilégié l'écoute des revendications »*.

Au lieu de : *« J'ai besoin qu'il accepte de signer l'autorisation… »*, dites : *« J'ai besoin de son accord écrit… »*

Parfois, un mot simple peut remplacer un long discours : *« Je pénétrai dans une maison en état lamentable, aux murs délabrés et au sol dévasté… »* En réalité, je suis entré dans un « taudis ». Autant l'écrire ainsi !

Vous pouvez également réduire l'usage des conjonctions suivies de subordonnées circonstancielles : par exemple au lieu de : *« Quand les étrangers arriveront… »*, écrivez plutôt : *« À l'arrivée des étrangers »*… Ou à la place de : *« Quand la nuit tombera »*, choisissez : *« À la tombée de la nuit »*. C'est plus léger…

En tout cas, allégez, allégez, c'est un cadeau fait au lecteur !

Vous avez compris qu'il est intéressant de chasser les lourdeurs et les mots inutiles. Alors, laissez-vous emporter par ce nouveau désir de simplification.

Adjectifs, verbes, noms, etc.

Tous ces éléments qui composent le texte s'y rencontrent en quantité plus ou moins importante. Ainsi, si votre écriture fourmille de verbes, vous écrirez un texte d'action. Ce sera certainement valable pour un thriller ou un roman policier, moins pour un terroir ou un texte contemplatif. Dans ces deux-là, l'adjectif sera roi. Par ailleurs, une abondance de noms induira une distance par rapport au monde, on ne sera ni dans l'action, ni dans la description.

Le bon dosage est donc indispensable pour donner le ton. Mais nous y reviendrons, soyez-en certains !

Ordre des mots dans la phrase

Une phrase ne s'écrit pas dans n'importe quel ordre. En effet, selon la mise en lumière souhaitée, on va privilégier tel ou tel agencement. Un exemple simple :

« Au-delà des montagnes, le ciel est encombré de nuages noirs ». Si l'on veut appuyer sur l'éloignement, en espérant que la pluie ne viendra pas, cette formulation est idéale. Le *« Au-delà des montagnes »* prime. On a le temps ! Mais si l'on écrit : *« Le ciel est encombré de nuages noirs, au-delà des montagnes »*, on met l'accent sur le fait que le ciel est bouché… Aïe !… risque d'orage. Et si l'on préfère : *Des nuages noirs encombrent le ciel, au-delà des nuages…* On appuie sur la couleur inquiétante des nuages. On sait alors ce qui nous attend !

On le voit, l'ordre des mots est important. Mais sans faire une obsession de ce procédé-là, nous ne rechignerons pas à l'utiliser aux moments les plus sensibles du roman. À vous de choisir !

Mise en lumière

Cet aspect, à mettre en concordance avec le chapitre précédent, vous montrera comment porter l'accent sur tel ou tel point de votre texte. La mise en avant d'un aspect de la phrase peut être, nous l'avons vu plus haut, réalisée par une inversion des propositions.

Mais d'autres procédés s'offrent à vous.

Chambouler l'ordre des mots : Nous l'avons déjà vu, pour mettre une idée en vedette, la placer en tête de phrase est un moyen intéressant. Mais on peut évidemment inverser l'ordre des mots à des fins plus stylistiques : Au lieu de : *La vie de ces travailleurs est fatigante*, écrire : *Fatigante est la vie de ces travailleurs* ! Ou mieux encore : *Dieu qu'elle est fatigante…*

Au lieu de : *Ils allaient devenir humbles,* préférez : *Humbles, ils allaient le devenir…* Ou bien, en lieu et place de : *Ils acceptaient l'augure de courir pour se sauver*, pourquoi pas : *Courir pour se sauver, ils en acceptaient l'augure*. Cette manière accentue la force du prédicat.

Le rejet : C'est une autre façon d'insister en créant l'attente. *Ils l'aimaient, l'adoraient, la préféraient à toute autre, leur vie…* On attend avec impatience le fameux objet de leur vénération. Bien sûr, le suspense pourrait être plus long. L'effet n'en serait que plus saisissant.

Le gallicisme : On appuie en soulignant d'entrée, et en maintenant l'esprit du lecteur éveillé : « *C'est en ouvrant la porte qu'elle vit le cadavre* ». Ou bien : « *C'est au printemps que Madeleine était le plus en beauté* », dans cette phrase-là, on va mettre l'accent sur la période. Cela veut sans doute dire qu'aux autres saisons, Madeleine n'est pas particulièrement à son avantage.

Variez l'accroche des phrases

Rien de plus lassant qu'un texte composé de phrases qui commencent et finissent toutes de la même manière. Varier les entrées de phrases permet de casser cette monotonie. Pour cela, on emploiera des tours différents. Le chapitre précédent peut entrer dans cette catégorie. Le rejet, le gallicisme, l'inversion, etc. peuvent servir à varier l'accroche des phrases.

Mais encore :

Le temps : « *Demain, il reviendra…* »
Le lieu + gallicisme : « *C'est chez nous qu'il reviendra demain…* »
Forme déclarative : « *Mon ami Pierre est un filou.* »
Exclamative : « *Quel filou, ce Pierre !* »
Interrogative : « *Est-il vraiment Filou, mon ami Pierre ?* »
Gallicisme : « *C'est la rumeur qui le prétend, mon ami Pierre est un filou.* »
Impérative : « *Dites-moi s'il vous plaît, si vous le pensez filou, mon ami Pierre.* »
Passif : « *Mon ami Pierre a été unanimement reconnu comme filou.* »
Conditionnel : « *Serait-il si filou qu'on le dit, mon ami Pierre ?* »
Impersonnel : « *On prétend que Pierre est un filou…* »
Neutre : « *Ils prétendent que Pierre est un filou.* »
Présentatif : « *Voilà ce qui est rapporté sur mon ami Pierre : ce serait un filou.* »
Émancipation : « *La rumeur se répandait de loin en*

loin. Si forte *que j'arrivais à croire que réellement mon ami Pierre était un filou.* » (La rumeur est forte. Mais à des fins d'insistance, on va émanciper le qualificatif du nom auquel il se rapporte).

Inventez : Inventer n'est sans doute pas la pire des façons pour mettre de la diversité dans vos tournures. Par exemple, pourquoi se passer d'onomatopées : *Drrrring… Jean sursauta… c'était la sonnerie tant attendue…* Lisez les bandes dessinées, vous y découvrirez un monde d'onomatopées dont vous pourrez vous inspirer. Ainsi, les *Craaaaac… Boummmm… Huueeeeeeeeee…* n'auront plus aucun secret pour vous !

Pronom indéfini : « *Tout annonçait l'orage…* »

Osez comparaisons et métaphores en début de phrase : « *Semblable au sémaphore qui annonçait les invasions, le phare de Collioure…* »

Et pourquoi pas les conjonctions de coordination : « *Mais, dans ce pays de vents et de marées…* »

Phrases sans verbe : « *Il était là, au milieu de la route. Étrangement seul !* » (Voir plus bas la technique de l'hyperbate).

Adjectifs, adjectifs : Commencer par un adjectif n'est pas préjudiciable, mais quand on en enchâsse plusieurs, l'effet n'est pas négligeable, non plus… « *Belle, fraîche, souriante, elle descendit l'escalier…* »

Répéter n'est pas tricher : « *Il avait surtout besoin de repos. Repos qu'il obtint en feignant un malaise.* »

Voici, voilà : ces adverbes et d'autres encore permettent de débuter une phrase par une accroche facile. « *Voici celle que je vais épouser, fit-il en ouvrant la porte.* »

Gonflez vos phrases

Pour mieux expliquer, ou simplement pour apporter au texte un rythme différent, on peut s'amuser à gonfler certaines phrases. Attention là non plus, ne tombez pas dans l'outrance.

Phrase simple : « *L'homme noir monta dans le bus.* »
Phrase gonflée : « *L'homme, un solide gaillard de race noire, monta à pas menus dans le bus 34, celui-là même qu'il prenait tous les jours.* »
Expliquer : L'explication bien fondée, celle qui éclaire, est toujours la bienvenue. On peut parfois laisser au lecteur le soin d'imaginer, mais il est impératif de lui offrir un maximum de matière pour le faire.
Phrase simple : « *Il prit son ballon et partit rejoindre ses copains.* »
Phrase explicative : « *Lui qui fut joueur de rugby, un grand joueur paraît-il, prit le ballon ovale qui trônait sur l'étagère haute de son armoire campagnarde et partit rejoindre ses copains dans le terrain vague d'à côté.* »

Là, bien sûr, vous êtes en droit de vous demander si je ne perds pas moi-même dans les buées de mon propre discours. Plus haut, je vous tanne d'écrire court, je fais l'apologie des minimalistes, et ici je vous suggère de gonfler vos phrases. « C'est à n'y rien comprendre », pensez-vous ! Ne vous énervez pas, dans la plupart des cas, raccourcir est la bonne solution, mais parfois, lorsque le propos mérite d'être expliqué, un petit renflement ne sera pas inutile. J'ai dit petit…

La phrase et sa promesse…

Tenir ses promesses dans le texte est primordial (voir plus bas), mais les tenir dans la phrase elle-même est une exigence tout aussi importante. Ainsi, lorsque vous commencez une phrase en créant une attente, n'abdiquez pas. Par exemple : *« Le soleil qui brûlait toutes les choses et faisait éclater les couleurs du jardin disparaissait doucement »*. Suite à cette entame majestueuse qui faisait espérer une action solaire des plus tonitruantes, le lecteur sera déçu. La phrase doit avoir une cohérence. Par contre, l'effet inverse peut être bien reçu. Si vous commencez faiblement, la surprise d'une fin exaltante peut surprendre positivement votre lecteur. Mais vous n'en ferez pas un style. Seulement une touche épisodique.

Ne jamais se contredire

La contradiction est l'erreur la plus impardonnable. En effet, comment le lecteur pourrait-il donner foi à un auteur qui, d'un paragraphe à l'autre (parfois d'une phrase à l'autre), contredit son propre propos. Si vous aimez vos enfants au chapitre 8, vous ne les détesterez pas (sauf événement particulier), quelques lignes plus bas, comme j'ai pu le lire dans un roman soumis récemment à mon jugement. Cohérence, cohérence ! La confiance du lecteur est absolument nécessaire à un bon compagnonnage avec l'auteur…

Trouvez le mot juste

Actuellement, logiciels, dictionnaires et autres aides sont à la portée de tout le monde. Et pourtant, on ne cesse de trouver dans les manuscrits des mots qui n'existent pas (invention ou erreur ?) ou des mots employés à contresens. Mon but est d'attirer votre attention sur cette dérive. J'ai lu dernièrement la phrase suivante : *Madame, je vous convoitise…* Bien sûr, l'auteur voulait dire : Je vous convoite. Il s'est trompé. Pas bien grave, *a priori*, mais attention, inventer des conjugaisons n'est sans doute pas la meilleure solution pour séduire un éditeur.

Dans le doute, vous vous abstiendrez ou bien vous vérifierez… Mais attention, je ne suis pas en train de briser en vous tous les élans de l'imagination et de la création, vous avez bien sûr le droit d'inventer des mots nouveaux, cependant n'en abusez pas, et surtout vérifiez qu'ils correspondent à quelque chose… Et surtout qu'il ne s'agit pas d'une vulgaire erreur.

Jouez sur les sonorités : Tout le monde connaît le fameux :« *Pour qui sont ces serpents qui sifflent sur vos têtes…* » Mais dans le même ordre d'idée, vous pouvez vous aussi créer des jeux de sonorités. Par exemple : « *La boule roule lentement, comme saoule, maboule…* » L'effet est saisissant.

Affirmez ce sera toujours mieux : « *Le réchauffement climatique est en marche, affirment les spécialistes* », serait plus fort, formulé ainsi : « *Les spécialistes affirment que le réchauffement climatique est en marche…* »

On est un âne, l'on est un bourricot

« On est un âne », disait toujours ma vieille maîtresse d'école. Elle avait sans doute raison, mais qu'aurait-elle pensé si elle avait eu à lire un texte truffé de « L'on » ? Sachez que cette forme littéraire ne s'emploie que pour régler un problème de phonétique. Vous l'éviterez absolument en début de phrase et ne l'utiliserez qu'après : **et, ou, où, que, à qui, de qui, à quoi, de quoi, si...** N'en multipliez pas l'usage comme certains auteurs, cela risquerait de heurter l'oreille du lecteur...

Faites vivre vos personnages, vous les adorerez

Je vous livre ici quelques trucs personnels pour habiller vos personnages.

Voici donc comment je vous propose de procéder :

D'abord, habillez-les sur le plan physique. Cela ne paraît rien, mais en s'y penchant un peu, on s'aperçoit qu'habiller un personnage n'est pas si simple. L'habit caractérise celui qui le porte, il est le marqueur d'une époque ou d'une société (songez aux crinolines ou aux chapeaux des années 30, au *bliaud* du Moyen Âge, à la redingote révolutionnaire, etc.). Fort de ces certitudes, partez à la recherche de l'habit. S'il s'agit d'un roman actuel, n'hésitez pas à consulter les journaux de mode, ou même le catalogue des 3 Suisses. Eh oui ! Ce dernier regorge de vêtements et la mode du moment n'y est jamais absente.

Pour les époques révolues, Moyen Âge, Révolution, siècle passé, etc. vous avez de la chance, Monsieur Internet est là ! Vous y trouverez des sites de musées de l'habillement qui vous donneront des indications précises, des photos de vêtements anciens, et pas mal de dessins. De quoi vêtir tout votre petit monde ! Ou alors, tentez les archives de votre ville, ou les musées (des tableaux feront sans doute l'affaire). N'oubliez pas les catalogues des expositions et les livres d'art, vous y trouverez des quantités de renseignements visuels au sujet des habillements et qui sait, des accessoires de vie. Sans compter les anciens numéros de *Paris-Match* ou de *L'Illustration*.

> ⚠ *__Un truc intéressant :__ N'oubliez jamais le travail réalisé par les autres. Les auteurs de bandes dessinées, par exemple, ont souvent fait des recherches très poussées, et chez eux, le détail est une obligation. On peut ainsi fouiller le côté BD des médiathèques pour s'informer sur les tenues de telle ou telle époque. Idem pour les historiens dont les descriptions précises sont de nature à vous aider.*

Bien sûr, l'habit physique ne suffit pas. Un homme, c'est un visage, un caractère, un corps, des mouvements. Je vous donne ici une autre combine, mais chuuuuut, s'il vous plaît, ne la livrez à personne ! Je me suis procuré un certain nombre d'ouvrages traitant de morphopsychologie. Partant du principe qu'à chaque caractère correspond un morphotype, je dessine mes personnages fictifs selon le caractère que je veux leur attribuer. Le colérique ne ressemblera pas physiquement au poète amoureux des fleurs, le patron ne ressemblera pas à l'ouvrier, etc. Même si parfois il peut y avoir confusion dans la vraie vie, forcer le trait pour exacerber les différences est payant. Dans le roman, la caricature a souvent sa place. Elle permet au lecteur de bien se représenter les personnages en présence.

Là, s'ouvre un champ infini. Vous pouvez même, si vous le désirez, inventer un morphotype non référencé.

Pour les mouvements des personnages, il en va de même. On trouve en librairie des dictionnaires de la gestuelle. J'en possède plusieurs qui décrivent les attitudes correspondant à un sentiment ou à un état d'âme. Facile dans ce cas de donner vie aux personnages.

Si vous appliquez ces conseils, vous verrez que vos héros prendront tout à coup de la consistance. Ils vivront. Plus tard, nous verrons à quel endroit du texte intégrer tous ces détails.

Le nom des personnages

C'est un aspect important de la personnalité de vos héros. Bien choisir leur nom est une bonne manière de leur donner une existence propre. On imagine mal un médecin de la haute bourgeoisie actuelle qui serait affublé du nom de *Ferdinand Ratatouille*…

Le patronyme est une part constituante du cadre juste. Un paysan se nommera facilement *Cornebouille*, ou *Radichon*, alors que l'on imagine mal un séducteur patenté qui s'appellerait ainsi. Bien sûr, je n'ai rien contre les *Cornebouille* ou *Radichon*, ce sont même de fort seyants patronymes, mais dans le roman, il faut réunir tous les atouts pour réussir. Ce n'est pas pour rien si les *Bidochon* apparaissent dans une BD humoristique. Et Dieu sait que la vraie famille Bidochon est respectable !

Et comment croire qu'un Américain pourrait se nommer autrement que MacLaren ou Holloway ? Qu'un Espagnol ne s'appellerait pas Sanchez, un Israélite Cohen, un Belge Van quelque chose, etc. Je sais, vous allez me dire qu'on tombe là dans la caricature, et qu'un Russe peut aussi s'appeler autrement que Raspoutine et un Chinois autrement que Li. Je vous l'accorde, mais caractériser est primordial, souvenez-vous-en ! Mais attention, pour les puristes, les prénoms et noms employés peuvent souvent être des indices du travail effectué ou non par l'auteur. Surtout lorsque l'on veut placer son roman dans une autre civilisation que la nôtre. Je me suis personnellement heurté à ce problème en écrivant un roman situé à *Fukushima*. Certains prénoms qui me semblaient parfaits dans ce Japon moderne que je décrivais étaient en fin de compte désuets. Heureusement, grâce à l'aide d'un auteur japonais, j'ai pu rectifier le tir.

Ainsi, vous aurez, derrière le nom, toute une kyrielle d'habitudes, une gastronomie, des lieux typiques, un accent, un passé, une histoire, qu'il ne sera même pas la peine de décrire.

> ***Règle numéro 8 :*** *Si vous voulez que l'on retienne le nom des personnages principaux, n'hésitez pas, au cours du premier chapitre à les nommer au moins 3 fois.*

Vivriez-vous dans un igloo au Sahara ?

Il en va avec les habitations comme avec les noms, ils caractérisent. Ne faites pas vivre un Islandais dans une yourte, ou un Africain dans un igloo (j'exagère, bien sûr), cela ne paraîtrait pas conforme à la réalité. Idem pour la nourriture. Les habitants du Sahel ne mangent certainement pas de la même manière que les Inuits. Et les Indiens d'Amérique ont sans aucun doute une alimentation différente de celle des Japonais. La gastronomie est un marqueur sociétal, votre roman doit en tenir compte, même si de nos jours toutes les cultures se mélangent, et que l'on trouve des sushis à Paris et des Pizzas en Chine.

Devenez environnementaliste...

Situer un roman dans une époque, fut-elle contemporaine, c'est créer un contexte adapté. On imagine mal un personnage évoluer avec comme unique environnement, une bulle entièrement centrée sur lui. Il faudrait en tout cas une sacrée imagination ! En général, vous le ferez évoluer dans un environnement précis. Pour cela, allez consulter les journaux d'époque, à la médiathèque de votre ville. Vous y découvrirez des faits divers, des publicités, vous y lirez les titres des films, les lancements de spectacles, les événements nationaux, etc. De cette manière, vous installerez, autour de vos héros, une vie qui ressemblera à sa vraie vie. N'hésitez pas à relater des faits réels (en changeant les noms, si possible), à parler des sportifs, des artistes, de la gastronomie de l'époque. Et même si votre histoire vous paraît viable en soi, vous l'améliorerez par l'ajout de multiples détails du quotidien. Elle n'en sera que plus crédible.

La rencontre physique de vos personnages fictifs avec des célébrités ayant vécu au même moment qu'eux, peut être un bon moyen de les rendre intéressants. De les valoriser.

… Ou historien

Nous venons de voir l'intérêt de parsemer de récit de détails du réel. Mais attention, parfois la réalité d'une époque nous échappe complètement. Par exemple en matière de gastronomie.

Vous veillerez à ne pas écrire des choses anachroniques.

Un seul exemple suffira : Lorsque je travaillais sur un roman historique situé au Moyen Âge, mon désir était de dépeindre une société pauvre qui se nourrissait chichement. Ainsi, notre légume de crise, la pomme de terre, me paraissait très intéressant dans ce contexte. Sauf que cette racine a été introduite en Europe après la découverte de l'Amérique par Christophe Colomb. Ceci veut dire que mes cathares ne pouvaient la consommer. Dommage… J'avais décrit un plat de pommes de terre, bien fumant… Il a fallu le faire disparaître !

Les détails vestimentaires : une fermeture éclair, un collant, un soutien-gorge, le frigidaire, le téléphone, etc. ont une date de début. Ni Robespierre, ni Napoléon III ne pouvaient téléphoner, mais Clemenceau oui.

Et le baiser sur la bouche, de quand date-t-il ?

Les Romains en échangeaient déjà. L'inquisition relate également de telles pratiques (prétendues diaboliques). Au cours de leur procès, les Templiers n'avaient-ils pas été accusés de sodomie et de baiser sur la bouche ? Mais, dit-on, ce serait le marquis de Sade qui lui aurait donné sa connotation sexuelle.

Et la bicyclette, le football, le peigne, les lunettes ?

Pour chaque détail, une petite recherche sera sans doute nécessaire. Sauf bien sûr si vous écrivez un roman purement contemporain.

Le domaine médical regorge d'inventions récentes. Alors, si vous décrivez le dix-huitième siècle, évitez de soumettre votre héros au scanner.

Vous touchez là au bonheur de faire des recherches. À la fin de votre roman, vous serez plus savant qu'au début de son écriture…

Dans la science-fiction, par contre, tout vous sera autorisé.

Ne faites surtout pas comme cet auteur qui, ayant situé son roman en 1980, faisait démarrer son histoire par l'envoi d'un email (cela aurait été valable aux alentours des années 2000)... On voit d'ici la stupéfaction des lecteurs éventuels...

Visitez l'empire des sens

Souvent, trop souvent, les auteurs ne prêtent à leurs héros qu'un seul sens : la vue. Pourtant, dans la vie de tous les jours, les 5 sens sont appelés à fonctionner. De ce fait, en y réfléchissant un peu, on peut transposer sur le papier les charmes de notre entourage.

La vue : Indispensable à toute description. C'est le sens qui permet de situer les personnages dans leur milieu. Pas de problème, tout le monde l'emploie.

L'ouïe : Plus rarement utilisé, ce sens permet pourtant de belles envolées (le bruit du vent dans la nuit, le clapot des vagues, le son d'une conversation, etc.). N'hésitez pas à actionner leur ouïe, vos personnages vous en remercieront.

Le goût : Très peu présent dans les romans, le goût peut amener un plus. Le goût d'une peau posée sur vos lèvres, celui d'un bon plat, le goût de l'herbe que l'on mâchonne, le goût salé de la mer…

Le toucher : Là encore, ce sens relativement utilisé dans les écrits autorise à rendre compte de la douceur, de la mollesse, de la dureté d'une personne ou d'un objet. Mais aussi de la rudesse, du froid, de la chaleur, de la consistance, du poids des choses.

L'odorat : On pense immédiatement à Proust et à ses madeleines. L'odorat, c'est le sens préféré de la nostalgie, c'est celui par lequel refluent les souvenirs. Mais c'est aussi celui qui permet au poète de rendre compte d'une fleur, de la mer, de la garrigue (Giono), des puanteurs de la ville.

On le voit, les 5 sens ont leur importance en littérature. Alors, songez que vos personnages ne sont pas que des êtres de papier et qu'ils vivent une vie aussi pleine que la vôtre. Accordez-leur l'insigne honneur de les faire sentir, toucher, goûter, voir, entendre. Ils n'en paraîtront que plus réels. Votre texte s'enrichira alors de nombreuses références au monde qui les entoure.

Revenons un peu sur les conversations

Pour moi, mais cela n'a aucune valeur universelle, bien sûr, les conversations sont le lieu idéal pour placer les détails relatifs aux mouvements, aux vêtements, au caractère. Par exemple :

« La mère jeta sur son fils un regard noir. Elle hurla :
— Où vas-tu ?
— Je sors voir mes copains, répondit l'enfant, une main posée sur la poignée de la porte.
— Pas question !
La femme s'était redressée brusquement, les deux poings serrés sur son tablier blanc.
Le fils s'immobilisa soudain, effrayé. Il bafouilla :
— Mais man… je… je…
Alors la voix de la mère, sèche comme un rio en plein été ordonna :
— Monte faire tes devoirs !
Sa main s'était levée en un geste lourd de menaces… »

Le conflit est présent, le fils va partir (main sur la poignée), la mère est menaçante (main levée, poings serrés). On sait qu'elle porte un tablier. En quatre phrases, les personnages ont bougé, et surtout se sont révélés. Le plus difficile, dans les conversations, est de créer un climat et une continuité. Surtout si un troisième personnage intervient :

« La mère jeta sur son fils un regard noir. Elle hurla :
— Où vas-tu ?
— Je sors voir mes copains, répondit l'enfant, une main posée sur la poignée de la porte.
— Pas question !
Le père, qui jusqu'ici s'était tenu à l'écart, imposa au milieu de la pièce, sa masse de lourdaud. Il tenta de voler au secours du garçon :
— Voyons Jeannette, laisse-le vivre un peu !
La femme se redressa brusquement, les poings serrés sur son tablier blanc. L'intervention du mari exhaussait sa colère.
— C'est mes affaires, tonna-t-elle.
Le fils s'immobilisa soudain, hésitant. Il bafouilla :
— Mais man… je… je…
Alors la voix de la mère, sèche comme un rio en été ordonna :
— Monte faire tes devoirs !
Sa main s'était levée en un geste lourd de menaces… Le père se tourna alors, la tête basse, honteux d'avoir cédé une fois encore. »

Apportez un soin particulier à la vie de vos personnages, c'est un des aspects les plus importants de votre travail. Et d'ailleurs, aimeriez-vous assister à la conversation de héros statiques et vides d'émotion ?

Promettez, promettez, vous créerez la tension

Un roman est un enchaînement de promesses. Par petites touches, donnez envie au lecteur d'aller voir plus loin ce que vous avez promis. La fin d'un chapitre offrira l'opportunité de semer un doute, de poser une question, de faire une promesse.

La lecture se fera par à-coups, et le lecteur voudra savoir chaque fois. Voilà votre art ! Mais attention de ne pas éparpiller des miettes indigestes et qui ne collent à aucune réalité. Une promesse doit être tenue. C'est une obligation, et chaque question aura sa réponse.

Quand vous entendez sonner l'invite au clocher du village, vous savez que très bientôt les fidèles rejoindront l'église pour assister à la messe. Ça, c'est une certitude. Et quand dans le couloir sombre d'une très vieille demeure, vous entendez un pas martelé et, de part en part, un hurlement sinistre, vous ne pouvez vous en tenir là ! Ces pas appartiennent bien à un être (réel ou subtil), et ce hurlement annonce dans l'esprit du lecteur, quelque malheur à venir. Ne le décevez pas. Si vous avez pris le parti de lui mettre l'eau à la bouche, vous devez le satisfaire.

De cette manière, vous l'emmènerez où vous voulez. Il sera affriandé et vous suivra jusqu'au bout de l'intrigue. Une promesse non tenue est un lecteur déçu. Et peut-être perdu.

C'est de confiance qu'il s'agit.

Les personnages promettent aussi

Les personnages, avec la personnalité que vous leur avez attribuée, vont inévitablement tordre à leur manière le déroulement de votre roman. Ne pas tenir compte de leurs traits de caractère et de l'influence sur eux des aventures qu'ils traversent, pourrait donner un résultat anachronique. Les personnages vont participer pleinement aux promesses, mais ces promesses-là répondront à leur personnalité propre. Soyez vigilants !

Que dirait-on d'un paysan des Cévennes surpris aux commandes d'un sous-marin nucléaire ?

Parlons style

La rigueur stylistique revêt en littérature une importance capitale. La langue française obéit à des règles, et même s'il apparaît parfois que les transgresser peut confiner au génie, il ne faut pas les oublier. Le style, votre style, s'il tient la route, aura l'avantage de fidéliser un lectorat. Le travail paie toujours, soyez-en certains ! À l'opposé, un style boiteux vous brouillera avec une partie non négligeable de vos premiers lecteurs.

Mais qu'entend-on par style ?
Le style fait parler. On entend très souvent au sujet de tel ou tel auteur, qu'il n'a aucun style. Par l'emploi de ce vocable, on veut signifier que l'écriture en est osée, ou déséquilibrée, ou déplaisante, etc.

Mais un monde sépare les différents auteurs. Quel rapport en effet entre un Zola, un Céline, un Claude Simon, un Frédéric Dard ou un Houellebecq ? Et pourtant chacun à sa manière est stylé. En réalité le style comporte plusieurs facettes. J'aurais tendance à affirmer qu'une écriture stylée est une écriture **équilibrée**.

Tout est permis dans la recherche stylistique, à

condition que le lecteur sorte heureux de sa lecture.
- ♦ Imiter n'est pas jouer
- ♦ Oser ne veut pas dire laisser l'anarchie commander
- ♦ Originalité ne signifie pas bric-à-brac

Vous serez certain de posséder un vrai style quand vos lecteurs habituels sauront vous deviner derrière un texte, sans savoir que vous en êtes l'auteur.

Mais avant toute chose, je vous invite à assainir votre écriture par l'abandon de quelques scories inutiles.

Les Pléonasmes

Deux mots qui ont le même sens n'ont rien à faire côte à côte. Le pléonasme est une figure insidieuse qui s'infiltre partout. Chassez-la, elle cherche à vous nuire.

« *Sors dehors* » est souvent l'interpellation favorite des ivrognes en pleine dispute. Ce pléonasme-là, vous ne l'utiliserez jamais dans vos écrits, il est trop évident (sauf bien sûr dans les conversations si le personnage concerné est un habitué d'un tel langage). Mais d'autres pléonasmes plus insidieux sont à l'affût. Ce sont les pléonasmes « pervertis » :

> « *Elle pèse un poids de 185 kg. Elle recule en arrière.*
> *J'aimerais vous revoir encore…*
> *Je l'avais prévu à l'avance…*
> *Il me l'a facturé un montant de 200 euros…*
> *J'ajoute des choses supplémentaires…* »

Et bien d'autres formules qui ne demandent qu'à vous faire trébucher.

La double négation

Voilà une faute hautement habituelle. Comme si nier ne suffisait pas, certains auteurs s'amusent à contre nier. Voici un exemple : *« Qui avez-vous vu ? » « Je n'ai pas vu personne. »* Faute ! Si on n'a pas vu personne, c'est qu'on a vu quelqu'un…

Le : *« Ne… que »* est l'équivalent de seulement. Alors, ne jamais dire : *« Je n'ai rencontré seulement que deux gendarmes. »* Bien sûr, si vous placez de telles paroles dans la bouche d'un réputé inculte, elles seront à leur aise.

La surdétermination

De nombreuses erreurs de surdétermination se cachent dans les écrits des auteurs novices. Attention à :
« Elle se léchait ses lèvres… »
« Dans ce village, ils se sont habitués à ses coutumes. »

Un sujet principal suffit, ne tentez pas de le doubler, ce serait maladroit et votre phrase s'en trouverait déséquilibrée.

Ne pas surajouter

Inutile de rajouter des scories à votre texte, mots et verbes, cela ne sert à rien qu'à l'alourdir.

Au lieu de : *« Je vais partir illico ! »* Dites seulement : *« Je partirai illico ! »* Ou à la place de : *« Elle s'est alors mise à délirer »*, écrivez : *« Elle délira. »*

Rendre plus simple votre propos est tout l'enjeu de cet avertissement. Exemple : « *Le conseil que je lui donnai, avant qu'il ne se décidât à quitter cette maison, c'était de ne plus jamais emprunter les chemins détournés pour arriver à son but.* »

J'aurais préféré : « *Le conseil que je lui donnai, avant son départ, c'était d'aller droit au but.* »

La simplicité est votre arme, usez-en sans parcimonie, elle vous accordera bien des grâces et pour commencer, celle de vous rendre accessible au plus grand nombre. D'ailleurs, les best-sellers ne s'encombrent jamais de phrases compliquées.

Supprimez les lourdeurs
Pronoms relatifs

On a souvent tendance à alourdir les phrases de pronoms relatifs et d'adverbes inutiles.

Préférez : « *Nous avons parlé à ces vieillards, des êtres compétents et faciles à aborder* », à « *Nous avons parlé à ces vieillards, qui sont des êtres compétents et faciles à aborder* »

Autre exemple :

« *Je regardais la lune qui était en forme de serpe…* » remplacé par : « *Je regardais la lune dont la forme de serpe m'extasiait…* »

Les adverbes et autres insectes polluants

Le pullulement d'adverbes, d'adjectifs de verbes ne participe pas, contrairement à ce que pensent certains aspirants à l'édition, à la beauté d'un texte : « *Il y avait un beau, que dis-je un magnifique, un merveilleux cou-*

cher de soleil que j'allais faire observer scrupuleusement, méticuleusement, attentivement en tout cas, par les responsables, directeurs, employés, chargés quotidiennement de scruter, observer, décrypter, le ciel qu'il soit matinal, nocturne, estival, hivernal, automnal ou printanier. » Cette accumulation, si elle a le mérite d'une certaine précision, perd le lecteur dans des méandres lassants. Une simplification serait préférable… Cependant, l'accumulation bien calculée et judicieusement placée peut servir votre plume. Prenons un exemple : « *Le bonheur, la joie de vivre, le bien-être, nous y aspirons tous, nous les désirons tous, dans une lutte permanente, un combat sans merci.* » On a employé là une forme d'insistance qui sert le propos et le renforce.

On peut également inventer des formes différentes et, par exemple, la symétrie : « *Il était jeune, et beau, et riche, mais ne se demandait pas ce que serait sa vie s'il était vieux, et laid et détesté de tous.* » Là, on joue de l'enchâssement pour exprimer et appuyer une opposition.

Vade retro participe présent

Rien n'est plus désolant pour moi qu'un texte truffé de participes présents. Certains auteurs, et non des moindres, en usent et en abusent. À mon sens, cette forme verbale enlève au propos un peu de sa consistance. Surtout si elle sert à relancer une phrase qui se meurt.

Bien sûr, vous pouvez les utiliser avec parcimonie, surtout en début de phrase : « *En allant me promener…* »

Attention aux erreurs de sujet : « *En me promenant*

dans les bois, ma veste s'est accrochée... » (glissement de sujet). Ou encore : « *En aidant mon cousin à porter le colis, le carton s'est déchiré.* »

Le glissement est parfois plus subtil : « *En changeant de pays, mon bonheur a refleuri...* » En réalité, ce n'est pas le bonheur qui a changé de pays, mais moi...

Relevé dans un manuscrit : « *Le boiteux a été arrêté en le faisant tomber dans un piège.* » Bien sûr la chose est compréhensible. On a dû faire tomber le boiteux dans un piège pour l'arrêter, mais la formulation laisse à désirer.

Tout cela pour dire qu'il faut toujours penser *sujet verbe*, et non se laisser guider par une plume un peu désordonnée.

Lire un roman expurgé de tout participe présent, quel bonheur !

Il vaut mieux couper une phrase et repartir sur une autre, que de relancer la machine par l'ajout d'un de ces maudits participes... C'est en tout cas mon idée.

Certes, il arrive parfois qu'un participe présent soit la forme la plus adaptée à certains contextes, dans ce cas, allez-y ! Pour le reste, levez la pédale, le lecteur vous applaudira.

Mais alors, comment les supprimer ?

Par la nominalisation : « *En courant de la sorte...* » remplacé par : « *Après une telle course...* »

« *En découvrant ce pays, j'ai appris...* » remplacé par : « *La découverte de ce pays m'a appris...* »

Par l'apposition : « *Ce voyage en Orient m'ayant enrichi…* » remplacé par : « *Ce voyage en Orient, riche de découvertes…* »

Par l'emploi d'un participe passé : « *Connaissant ce problème, j'en ai déduit…* » remplacé par : « *Affranchi de ce problème…* »

À vous donc d'inventer d'autres manières de remplacer cette forme d'écriture qui, par la facilité qu'elle confère, plombe un peu votre texte…

Les phrases incomplètes

Une des erreurs les plus partagées par les auteurs débutants est d'interrompre ses phrases avant terme, et de les laisser en plan. Faites-y particulièrement attention. Exemple : « *Ce malfrat au passé compromettant, et à l'avenir compromis.* » On sent nettement qu'il manque un segment de la phrase. Un autre travers consiste à vectoriser la phrase et à la découper en segments : « *L'homme venait. Rapide comme l'éclair. Sans un mot. Prêt à tout renverser sur son passage.* » Cette méthode d'écriture est parfois synonyme, dans l'esprit de certains, de modernité. Chaque segment est en soi une phrase incomplète. Alors, sauf en cas de nécessité absolue ou de calcul, on s'en privera. Cependant, pour imiter un souffle court, ou pour donner à l'écriture un rythme volontairement haché, on ne s'en privera pas (nous l'avons vu plus haut). Mais attention, une utilisation trop fréquente créera un texte anormalement coupé et désagréable à lire.

Les Parenthèses

Je ne les aime pas. Dans un roman, vous leur préférerez le tiret ou tout simplement la virgule. Gardez vos parenthèses pour vos essais ou vos lettres personnelles, mais évitez-les dans vos textes littéraires. Bien sûr, vous en trouverez parfois chez les grands auteurs, le dernier Goncourt en regorge, mais ce n'est pas une raison, on peut utiliser d'autres formes d'incises. Les parenthèses hachent trop le propos. L'emploi de la parenthèse est souvent l'apport de la langue parlée à la langue écrite. On peut l'utiliser certes, mais pour ma part je préfère la voir présente dans les essais et livres techniques qui ne s'inquiètent pas de beauté du texte.

Ces mots de liaison qui saturent le propos

Beaucoup trop d'auteurs font la part belle aux mots de liaison placés entre les parties de phrases. Ils usent et abusent des : parce que ; en fait ; certes ; d'une part ; d'autre part ; d'abord ; tout d'abord ; en premier lieu ; premièrement ; en deuxième lieu ; deuxièmement ; après ; ensuite ; de plus ; quant à ; en troisième lieu ; puis ; en dernier lieu ; pour conclure ; enfin, etc.

L'abus crée la lassitude. Imaginez un tel texte : « *Premièrement, il n'était pas content. En fait, il avait des choses à me reprocher. Tout d'abord, mon franc-parler. Ensuite ma manière de considérer sa vie. Pour conclure, ce garçon était un solitaire, mais un solitaire sans problème. Certes, sa vie ne manquait pas de piment. Surtout à cause de sa famille, une famille originale. Pourtant, personne ne semblait l'aimer.*

En premier lieu à cause de son caractère... »

Avez-vous senti la monotonie de ces phrases ? Évitez au maximum de jouer au ping-pong. Si vous avez besoin de rebondir, trouvez autre chose, une ponctuation appropriée, des coupures, des escamotages, des inversions. Essayons : « *Premièrement, il n'était pas content, il avait des choses à me reprocher. Mon franc-parler pour commencer, puis sans doute ma manière de considérer sa vie. J'en concluais que ce garçon était un solitaire, un solitaire sans problèmes. Grâce à sa famille, une famille originale, sa vie ne manquait pas de piment, même si personne ne semblait l'aimer. À cause de son caractère peut-être !...*

Et, et, et...

Cette conjonction de coordination est bien utile, mais son abus peut déstabiliser un texte. Que diriez-vous d'une telle phrase : « *Le père et la mère se levèrent et enfilèrent leur veste et leur manteau et prirent de chemin de la place et de la mairie, où ils avaient rendez-vous et avec le maire et avec son premier adjoint, un homme affable et sérieux, comme son visage et sa bouche le laissaient présager et sa manière de parler l'indiquait* ». Pas fameux, n'est-ce pas ? Un peu trop lourd. Dans un tel cas, deux *et* auraient suffi pour décrire la scène. Bien sûr cela demande un effort, mais n'est-ce pas la condition pour obtenir une prose délicate et plaisante ?

Dit-il

Le fameux et très habituel « *dit-il* », en conclusion des conversations, est très répétitif et de ce fait, agaçant pour le lecteur. D'autres possibilités s'offrent à vous. D'ailleurs, il est souvent utile, dans une conversation, de préciser les choses.

Si l'on écrit *« Je m'en vais, dit-elle. »*, on ne sait rien de son état d'esprit. Mais si on préfère : *« Je m'en vais, gronda-t-elle »*, on comprend qu'elle n'est pas du tout contente.

On voit que de nombreux verbes peuvent remplacer le verbe dire : Énoncer, exposer, traduire, décrire.

Interroger : Questionner, s'enquérir, s'informer, implorer.

Dénigrer : Diffamer, médire, calomnier…

Protester : Contester, objecter, se rebeller…

À vous de trouver toutes les nuances pour exprimer ce que vous voulez traduire. Mais là encore, n'abusez pas. Voici le résultat déplorable que rendrait un tel abus :

— *Où vas-tu ? s'informa-t-elle.*

— *Je sors, aboya-t-il.*

— *Pourquoi faire ? regimba-t-elle.*

— *Voir mes copains, se défendit-il.*

— *Pas question ! explosa-t-elle.*

Cette exagération est à éviter absolument. La conversation a besoin d'équilibre.

Parfois, pour situer un personnage, vous avez la possibilité de lui prêter un tic de langage, un rythme particulier, un bégaiement, des hésitations permanentes. Ainsi, vous pourrez éviter de le nommer au moment où il prendra la parole. Exemple :

— *Bigre de bigre de cornebleu, jeta le vieil homme.*

L'interlocuteur, un jeune garçon bien mis, demanda :

> — *Pourquoi s'énerver Joseph ?*
> — *Mais je m'énerve pas, sacrebleu !*

Inutile d'ajouter que c'est le vieil homme qui a riposté... son langage fait même penser à un univers de pêcheurs ou de marins au long cours... Au milieu de mille locuteurs, on le reconnaîtrait aisément !

Les mots de la conversation permettent de situer un personnage, d'en faire un intellectuel, un illettré, un professeur, un docteur, un membre de la maffia, un enfant naïf, etc. Plus qu'ailleurs, dans les conversations, le vocabulaire doit être choisi.

! ***Un truc :*** *N'hésitez pas à chercher, dans les dictionnaires spécialisés ou même sur Internet, les jurons adaptés à l'époque que vous décrivez. Ainsi, vos personnages s'invectiveront à la mode de leur temps, ou de leur milieu social.*

Trop d'explication tue l'explication

L'auteur débutant aura très souvent la volonté d'expliquer et d'introduire ses idées par des « parce que », « afin que », « pour que », fort déplaisants. Dans la mesure du possible, si vous tenez à expliquer les choses, trouvez une autre formule. Exemple : « Jeanne était la plus belle, parce qu'elle avait depuis longtemps travaillé son corps »... remplacé par : *« Jeanne, à force de travailler son corps, était la plus belle... »*

On peut toujours éviter de telles lourdeurs... Mais il faut ruser et beaucoup travailler. Peu à peu, ce mode de fonctionnement deviendra naturel.

Fermez le tiroir

Les phrases à tiroirs sont des objets polluants parfaitement identifiés. Évitez de vous en servir.

Ne dites pas : « *La maison, de l'ami de la femme de mon frère* », mais dites plutôt : « *La maison de l'ami de ma belle-sœur.* »

Ou bien, au lieu de : « *L'enfant que tu as éduqué, parce qu'il est quand même impoli, je crois qu'un autre professeur lui serait nécessaire* », optez pour : « *Cet enfant, encore impoli malgré ton éducation, mérite un autre professeur.* »

Cette habitude d'aligner des bouts de phrases derrière des bouts de phrases sans discernement est assez répandue. Il est impératif de s'en séparer. Ce paragraphe pourrait s'accrocher à ceux qui traitent de simplification.

Évitez la battologie

La battologie est l'usage fastidieux (parfois incorrect) de termes. Exemple : « *Il faudrait que je lui dise, que je lui conte, que je lui explique, mais il ne veut pas que je lui conte, que je lui dise, que je lui explique…* » Inventez autre chose, car la battologie alourdit le propos. Néanmoins à l'occasion, si vous arrivez à la rendre légère, elle peut vous servir…

Dans ce cas comme dans bien d'autres, si vous gardez la maîtrise, vous réussirez à rendre votre propos audible, mais si vous vous laissez mener par le bout du clavier, votre écriture souffrira terriblement… et votre lecteur aussi !

Bis repetita non placent

Eh oui, les choses qui se répètent ne plaisent pas forcément. Mais n'exagérons pas, nous l'avons vu ailleurs, répéter, lorsqu'il s'agit d'un acte volontaire et contrôlé, n'est en rien nuisible à la beauté du texte. Il faut seulement garder de la mesure. Certaines répétitions, filles de mère facilité, sont à proscrire. La langue française fourmille de synonymes qu'il est toujours possible de substituer à des substantifs utilisés trop fréquemment.

Toutefois, confronté aux noms propres, l'auteur se trouve face à une difficulté différente : ils n'ont pas de synonyme. Il n'est alors pas rare de lire des choses dans le genre de ce qui suit : « Jean conduisait vite. Marie le lui reprochait souvent. Mais Jean n'en avait cure, lui, c'était l'impression de liberté qui le poussait à de tels excès. Marie redoutait les jours où ils devaient partir ensemble pour Belleville. Jean, lui, n'avait pas peur, il avait l'impression de dominer son sujet. Marie le suppliait parfois de ralentir un peu, mais Jean s'amusait de son apparente faiblesse… »

Ce genre de tic littéraire est fréquent dans les thrillers américains. C'est même parfois élevé là-bas, au rang de technique stylistique. Pour moi, amateur de musique littéraire, c'est totalement déplacé. Dans cette circonstance, il faut savoir réagir. D'abord, pourquoi ne pas donner un surnom ou un petit nom à l'un ou l'autre des protagonistes ? Parfois, on peut transformer le texte en conversations. Bien sûr « il » ou « elle » peuvent remplacer aisément le prénom du personnage. On peut également utiliser son métier (le forgeron, le boulanger, etc.), ou sa qualité propre (la fille-mère, la chef de service, etc.). Voyons de quelle manière traiter le texte pris comme exemple :

Marie, ce pourrait être Mimi. Il va sans dire que ce diminutif serait installé depuis le début du roman. Il n'arriverait pas là par hasard, et sans préparation.

« Jean conduisait vite. Marie le lui reprochait souvent. Mais il n'en avait cure, lui, c'était l'impression de liberté qui le poussait à de tels excès. Mimie, comme il l'appelait dans l'intimité, redoutait les jours où ils devaient partir ensemble pour Belleville. Le conducteur n'avait pas peur, il avait l'impression de dominer son sujet. La jeune fille le suppliait parfois de ralentir un peu, mais il s'amusait de son apparente faiblesse... »

Ou alors :

« Jean conduisait très vite. Marie le lui reprochait souvent.

— T'inquiète chérie, on risque rien, je maîtrise.

C'était l'impression de liberté qui le poussait à de tels excès. Mimie, comme il l'appelait dans l'intimité, redoutait les jours où ils devaient partir ensemble pour Belleville.

La jeune fille le suppliait de ralentir un peu, mais il s'amusait de son apparente faiblesse...

— Tu ne me fais plus confiance ? Tu crois que je ne domine pas mon sujet ? C'est ça, hein ?... »

Dans le dernier texte, le prénom n'apparaît qu'une fois. On a simplifié et on a surtout allégé.

Je vous recommande pourtant de ne pas utiliser, comme on le voit trop souvent, la qualité ou le défaut découvert juste à la ligne précédente : *« L'obséquieux lui répondit qu'il n'en savait rien »*. Gênant… Pour moi, en tout cas ! Surtout lorsqu'il s'agit de défauts physiques : « le gros », « le bègue », « le boiteux »…

Simplification !

Voilà ce que j'essaie de vous faire passer comme message : Simplification ! Une phrase simple composée d'un sujet, d'un verbe et d'un complément, vaut toujours mieux qu'un agglomérat de mots, de pronoms, d'adverbes sans queue ni tête… À méditer…

Le ton

le ton, c'est ce qui différencie un chef-d'œuvre d'un roman ordinaire. C'est la grande obsession des auteurs débutants (ou pas).

Lorsque vous lisez un texte, soit vous êtes pris par une spirale qui vous emporte, soit vous décrochez, soit vous lisez jusqu'au bout sans réellement prendre de plaisir. Dans le premier cas, l'auteur aura su vous séduire par son ton.

Hélas, le ton ne s'invente pas, et ne se travaille que très difficilement. Mais peut-être le vôtre est-il superbe sans que vous ne le sachiez. Car le ton a ceci de particulier qu'à force de se relire, on ne le perçoit pas soi-même.

Alors, si vous travaillez de façon assidue et acharnée à votre texte, si vous le dégagez de ses scories inutiles, si vous arrivez à lui donner du rythme, le résultat vous donnera sans doute pleine satisfaction. Et le ton, votre ton, sera au rendez-vous !

Le ton, c'est vous, votre forme d'esprit, votre manière d'écrire, votre façon de transcrire sur le papier les idées formées dans votre tête.

Le ton, c'est l'art du silence. C'est la vitesse, c'est le coup de frein, c'est la musique.

Le ton, vous l'avez en vous, il ne demande qu'à sortir.

Il est le résultat de votre travail, de votre personnalité, de votre manière de concevoir l'écriture. Il faut tout de même ajouter qu'il n'est pas perçu par tous les lecteurs de la même manière. Pour les uns *Paris au mois d'août* est un roman au climat formidable, pour d'autres c'est une jolie histoire, tout simplement.

Le ton, ce fut mon obsession et ça l'est encore… Pour un auteur, c'est rageant de ne pas pouvoir influer, fût-ce en travaillant dur, sur le ton de sa propre écriture. Ou alors si peu. Mais ne vous affolez pas, si vous mettez du cœur à l'ouvrage, il y aura toujours quelqu'un pour apprécier le vôtre…

Un peu de précision que diantre !

Les dates des événements méritent un peu d'attention. Ainsi, lorsque vous prétendez que le 21 juin 2009 est un lundi, vous mentez à votre lecteur. En effet, en utilisant un calendrier perpétuel en usage libre sur Internet, il est très facile de s'en apercevoir. Cela semble minuscule comme détail, je vous l'accorde, mais c'est ce genre de choses qui donnera toute sa vérité à votre texte. Il en va de même avec le climat. Dans la mesure du possible, vérifiez. Souvent les journaux d'époque en parlent. Il suffit d'un peu de patience pour relever, au jour le jour, le temps qu'il faisait au moment des faits racontés. Et ne parlons pas des événements contemporains de l'époque décrite, ou des inventions.

Inventez, mais pas trop !

Rien ne vous interdit d'inventer des mots, vous êtes écrivain quand même ! Mais n'abusez pas et surtout restez près de la réalité. Car il convient que le lecteur puisse comprendre ce dont vous voulez parler. Un exemple : l'autre jour, j'ai entendu un homme demander à son enfant de *s'accroupiller*... Voilà un joli mot inventé par hasard, un mot facilement compréhensible de par sa proximité avec le verbe s'accroupir.

Parfois, les dialectes locaux créent des substantifs absents des dictionnaires, mais qui peuvent servir dans un texte d'auteur. Ex : Ce soir, je cuisinerai les *patanes* que tu as ramassées ce matin. On comprend qu'il va cuisiner des pommes de terre.

Alors, lâchez-vous, inventez, mais toujours avec mesure.

PETITS CONSEILS POUR LA ROUTE

Personnifiez, mais avec parcimonie

La personnification, cette figure de style utilisée parfois par les plus grands, peut se révéler mauvaise conseillère, si vous l'utilisez trop et surtout à mauvais escient. Donner la parole à un lit, à un matelas, à un préau, à une voiture, etc. peut être utile et amusant, mais attention, vous risquez de tomber rapidement dans le grotesque. Évitez les :

« La photo me regarda en face et me confia sa peine. Elle parlait un excellent français… » Mon conseil en la matière est de rester fidèle à la réalité. Toutefois, si l'envie de faire parler les objets ou les animaux vous titille à ce point, ce que je puis comprendre, ne le faites qu'en de rares occasions bien amenées. Car le lecteur risque de se lasser très vite de cette situation anormale et loufoque.

Pourtant, obtenir les confidences d'un matelas peut s'avérer utile dans certains cas. Mais si vous n'utilisez pas les bonnes transitions, votre effet risque de tomber comme la neige en plein été.

Bien sûr, si le sujet de votre roman oblige à voir choses et animaux comme des êtres humains, allez-y.

Dans votre cas, les données du problème seront posées dès le départ.

Ne vous démentez jamais

La contradiction est la pire des méprises. En effet, rien de plus désarmant pour le lecteur, que cet auteur qui contredit à la page 100, les propos de la page 30. Il sera déçappointé, et abandonnera rapidement la lecture. Alors, soyez sérieux dans vos écrits. Ne vous égarez pas. Et si vous écrivez que Trencavel se trouvait présent sur les remparts de sa ville lors du siège de Béziers en 1209, ça ne choquera personne, sauf ceux qui savent que c'était faux.

Vérifiez vos dates, et dans le cas de faits avérés, soyez rigoureux, une réputation est vite faite. Surtout la réputation de légèreté.

Vos personnages, sauf en cas de mariage, porteront le même nom du début à la fin. Les noms de lieux seront orthographiés de la même manière.

Vous le voyez, je vous pousse à la rigueur. Mais c'est pour votre bien ! Et celui du lecteur !

Vous devez être irréprochables, c'est la seule manière de tenir le lecteur, et de l'inviter à vous suivre dans votre chemin littéraire.

Un exemple personnel : Lors d'une dédicace, un de mes lecteurs fidèles m'a confié que dans *Quand le vin est tiré* un roman qui mélange terroir et histoire, et dont je parlerai plus bas, l'apparition sur les garrigues d'un « soleil » (une plante dont le centre se consomme cru, comme un cœur d'artichaut), l'avait dérouté. En effet, ce végétal ne se trouve qu'à plus de 1000 m d'altitude (la garrigue ne dépasse pas les 250 m). En réalité, je le savais, mais je m'étais permis d'utiliser ce végétal dans cette situation, parce qu'il fait partie depuis l'enfance, de mon imaginaire. En colonie dans les montagnes de Cerdagne, il m'était arrivé d'en consommer quelques-uns avec plaisir.

Le lecteur m'a expliqué qu'à partir de cette incohérence, sa confiance en ma rigueur de romancier s'était émoussée. Je ne l'ai pas perdu, il me lit toujours, mais j'ai eu chaud !

À méditer !

Promis, je ne mettrai plus de « soleil » dans mes romans qui se dérouleront à moins de 1000 m.

Les descriptions

Décrire est un art. Dans un roman, les descriptions sont parfois utiles. Elles permettent de montrer le paysage tel que le voit le héros, et offrent à l'auteur la possibilité de s'épancher et de laisser filer sa plume. Pourtant, là encore, parcimonie rimera avec sagesse. Trop de descriptions et descriptions trop longues vont inévitablement lasser le lecteur.

Je suis conscient qu'un auteur de terroir va aimer les grandes envolées lyriques pour rendre hommage à une nature généreuse qui lui apporte tant de joies. Mais le lecteur est-il prêt à le suivre inconditionnellement sur tous les chemins ? Les anciens, qui disposaient de très peu d'images, aimaient sans doute à voir représenter par l'auteur, les décors de l'aventure à laquelle ils participaient. Mais aujourd'hui tout a changé. Les longues pages sans action et la contemplation littéraire mènent à l'ennui.

NB : *Demandez-vous si la suppression des descriptions affaiblirait votre histoire ? La réponse est souvent non ! Bien sûr, vous n'exagérerez pas dans l'autre sens…*

Musclez votre écriture

Il est important de muscler votre écriture par l'emploi de verbes expressifs. Rien de plus désolant que ce sempiternel : « Il y avait ». Facile de s'en sortir :

Dans la cour, il y avait une tourelle…

Dans la cour se dressait une tourelle.

Dans cette forteresse, il y avait de nombreux bandits.

Dans cette forteresse se tapissaient de nombreux bandits…

Mais dans beaucoup d'autres cas, le verbe expressif devrait remplacer des formules trop faibles :

Il avait mis sa casquette sur la table

Il avait posé sa casquette sur la table

Cet homme était impassible

Cet homme nous apparut impassible

Une foule de passants se trouvait dans la rue

Une foule de passants déambulait dans la rue.

Il dit n'importe quoi

Il raconte n'importe quoi

Je voudrais voir le sommet du Mont Blanc

Je voudrais observer le sommet du Mont Blanc

Quand le détail favorise le drame

Le détail peut parfois aider à appuyer la force dramatique d'une situation. Cela peut paraître étrange, mais c'est **possible**. Si le procédé est utilisé à bon escient, bien sûr !

En voici un exemple. L'homme est allongé sur son lit de mort. Instant dramatique s'il en est : *« La chambre était sombre. Seul un lampion posé sur le chevet l'éclairait. La respiration rauque de l'homme hachurait la nuit. L'horloge murale égrenait dans le soir ses secondes empreintes de tragédie. Une araignée au plafond guettait sa proie. L'homme respirait de plus en plus mal, sa gorge poussait des cris de plus en plus effrayants. L'araignée patientait. Le lampion se mourait, il faisait presque noir maintenant. La proie innocente avançait vers la toile. Et L'homme tordait son cou, ouvrait tout grand sa bouche pour tenter de respirer un peu. La mouche engluée dans la toile se savait perdue. Le cœur de L'homme s'emballa… s'emballa… L'araignée tissait autour de la mouche une prison de soie. Le lampion s'éteignit. Et la tête de L'homme s'affaissa sur le coussin, immobile, raide déjà ! »*

Le lampion, l'araignée, la mouche, qui n'ont aucun rôle dans la mort de l'homme, en détournant l'attention, rendent l'ambiance inquiétante. Ce sont des détails qui participent à la force du texte.

Exprimez vos sentiments sans excès

Si écrire vous permet d'étaler vos sentiments, de vous dévoiler, et si ça vous fait du bien, ne vous en privez pas. Cependant, évitez à tout prix l'exagération. Non vous n'êtes pas le plus heureux des humains, non votre femme n'est pas la plus belle, vos enfants les plus intelligents. Et si c'est le cas, tant mieux pour vous. Vos lecteurs ont besoin de voir en vous un être à leur image, et les superlatifs ne serviraient qu'à créer une distance inutile. Cela est valable également pour le négatif. Non vous n'êtes pas le plus malheureux, ou le plus moche, ou le plus triste... Vos sentiments n'intéresseront le lecteur que s'ils sont à leur mesure, et décrits avec prudence.

Ça y est, vous m'avez suivi !... J'espère que vous avez glané ici ou là, des éléments susceptibles de vous aider...

Mais ce n'est pas encore entièrement terminé...

Des techniques à utiliser

Soyez heureux, vous qui cherchez à écrire, la langue française dispose d'un arsenal incroyable de techniques plus intéressantes les unes que les autres. À vous de choisir dans cette profusion celles qui conviennent à votre texte du moment.

J'en donne ici quelques exemples parmi les plus usités, mais vous pourrez en trouver des quantités d'autres dans des ouvrages spécialisés.

Toutefois, ne vous sentez pas obligés d'employer ce genre de procédé, votre écriture spontanée en recèle peut-être d'autres tout aussi précieux. Ces figures sont simplement une aide à utiliser dans certains cas précis, et sans en abuser, bien sûr !

Quand l'Homéotéleute ne nous fait pas souffrir, elle nous donne du bonheur !

En effet, cette technique littéraire au nom de maladie ou peut-être de remède permet de jouer sur les sons à l'intérieur d'une phrase pour créer un effet d'insistance. Très utilisée par les publicitaires, cette forme littéraire peut néanmoins servir un texte littéraire. Exemple célèbre : « *Les sanglots longs des violons de l'automne…* » Ou bien : « *Je sursaute, tressaute, crachote, bref, je toussote…* » Un autre exemple : « *Sa mère nous forçait à nous taire, et ses manières commençaient à me déplaire...* » Facile, non ? Mais n'en abusez pas...

Êtes-vous des as du périgrinisme ?

Sans doute ! Mais ne croyez pas que pour le pratiquer vous prendrez l'avion, non, le voyage que vous ferez ne vous entraînera pas en dehors de votre bureau. En effet, vous utilisez le *périgrinisme* quand vous employez dans vos textes, des formes, des phrases, ou des mots issus d'une langue étrangère... Exemple : « *Il ne vivra pas ad vitam eternam.* » L'éloignement volontaire des deux bouts de cette phrase oblige le lecteur à faire une halte. On peut même considérer cet emploi comme une forme d'insistance. On voit ici l'utilisation possible des patois ou des langues locales. Exemple : « *L'homme, pour transporter ses comportes utilisait de vastes pals samalés* »... L'auteur veut parler là des longs bâtons qui servaient à transporter les comportes (récipients où l'on entreposait le raisin, pendant la vendange).

Utilisez le Métaplasme même si vous n'êtes pas malade

Non le *métaplasme* n'est pas une dérivation du cataplasme si cher à nos grands-mères. C'est une figure de style par laquelle les auteurs se permettent de transformer un mot, pour qu'il fasse sens. En voici quelques exemples : « *Bien le bonjour, M'sieurs, Dam !* » On comprend que cette suppression de lettres tire les mots « Messieurs » et « Dames » vers le registre populaire. Internet et le monde moderne favorisent le Métaplasme, surtout les forums modérés où les mots grossiers sont interdits. Ainsi, il n'est pas rare de lire : *« P'tain ou c.onnerie »*, impossibles à repérer par les robots censeurs. Mais la littérature n'est jamais avare de *« fifille »*, de *« mémère »*, de *« papounet »*. On voit tout l'intérêt que l'on peut tirer de cette forme, dans les conversations ou les textes à connotation populaire. Là encore, attention à l'abus !

Êtes-vous les rois de l'Hyperbate ?

Moi, en tout cas, j'utilise souvent ce procédé littéraire dans mes romans. De quoi s'agit-il ? C'est une technique qui consiste à ajouter à la fin de la phrase, un mot ou un groupe de mots, afin de le ou les mettre en valeur. Exemple : *« Elle se leva d'un bond, et brandit la bible au nez et à la barbe de son adversaire. Étrange comportement ! »* On peut également ajouter un ou plusieurs mots avant la phrase : *« Merveilleuse ! Elle était merveilleuse dans sa robe de soie blanche… »* Allez, lancez-vous, vous verrez, c'est facile. Et tellement efficace !

La Prétérition vous titille-t-elle ?

Je le pense ! Elle titille d'ailleurs beaucoup de monde, à commencer par les publicitaires qui l'emploient souvent. Vous aussi sans doute ! Mais qu'est-ce donc ? C'est la manière de dire les choses en feignant de ne pas les dire. Exemple : *« Je ne vous dirai jamais que je vous aime Madame ! Ah ça non, je ne vous le dirai jamais ! »*

Vous le voyez, vous êtes des pros de la chose !

Épanalepse quand tu nous tiens…

Vous le pratiquerez en répétant un mot, voire une phrase dans votre texte. Exemple : *« La vie est belle quand même. La vie est belle quand elle sourit. La vie est belle ! »* Vous y êtes ? Alors à vous… Facile, non ?

L'Antilogie vous embrouille…

Pratiquer *l'antilogie*, c'est-à-dire juxtaposer deux idées opposées, peut rendre un certain effet. Exemple : *« Il est si laid qu'il en devient beau ! »* À ne pas confondre avec l'oxymore *(cette obscure clarté)*. Autre exemple : *« Il a en lui la grandeur de sa petitesse ! »* Allez, débrouillez-vous en vous embrouillant à ce jeu de *l'antilogie*…

Le chiasme

Non ce n'est pas une maladie des intestins, mais une figure de style. Il s'agit de l'inversion des éléments de deux groupes parallèles. Il sert à souligner l'union de deux réalités ou à renforcer une antithèse. Exemple : *« La neige fait au nord, ce qu'au sud fait le sable »* (Victor Hugo) ou : *« Ayant le feu pour père, et pour mère la cendre. »* (Agrippa d'Aubigné). Ou encore le célébrissime : *« Il faut manger pour vivre et non pas vivre pour manger »* (Molière).

Jouez de la Paronomase

Cela rendra vos textes joyeux… La *paronomase* est la juxtaposition de termes dont la prononciation est approchante, mais dont la définition diffère… Exemple : *« Tu parles Charles… »* Ou encore le très connu : « *Il était une fois, dans la ville de Foix, un marchand de foie qui n'avait plus la foi…* » Et pourquoi pas : « *Ils étaient vingt, tous pleins de vin, à chercher en vain…* »

Zut alors, je ne résiste pas au plaisir d'en commettre deux autres : « *Je n'ai pas quitté la mégère, mais j'erre…* » Et le classique : « *Après avoir mangé des raviolis, elle me ravit au lit…* »

Allez, amusez-vous à *paranamaser*, c'est très jubilatoire…

Bonne ou mauvaise la Tautologie ?

On parle souvent d'emploi tautologique dans une phrase. Pourtant, peu de gens savent ce qu'est la tautologie. Facile ! C'est une manière de présenter les choses évidentes, comme si elles avaient un sens profond. Par exemple : « *Les hommes sont des hommes, et les femmes des femmes. Quant aux enfants, ils ne sont rien d'autre que des enfants…* » Tout est contenu dans l'énoncé, et il est inutile d'aller chercher plus loin. À ce sujet, dans un film, le slogan de l'homme politique mis en scène, était une parfaite tautologie : « *Avec Perrin, l'avenir est pour demain* ».

Jouez à inventer des tautologies, mais n'en abusez pas.

L'Érosion

De quoi s'agit-il ? Simplement d'une réduction progressive d'un mot, ou d'une phrase… Exemple : « *Cette fille est magnifique… Magnif… Magn… Ma…* » L'effet recherché sera une sorte d'arrêt sur image… Là, le locuteur reste bouche bée. Mais on peut le jouer plus littéraire : *« La vie est un long fleuve tranquille. Un long fleuve… »* On sent de la rêverie dans la deuxième partie de la phrase. À vous de jouer… Érodez, érodez…

La Prosopopée…

Ça fait peur !… Dans la vie de tous les jours, on emploie parfois la *prosopopée*. Par exemple quand on fait parler les morts ou que l'on s'adresse à eux. Car il s'agit là d'une mise en scène des absents, des morts, des êtres surnaturels (anges, démons, Dieux, etc.), et même des objets inanimés. Il est rare, je vous l'accorde, que l'on prête la parole à une chaise ou une table, mais enfants, n'avons-nous jamais fait parler une poupée ? Et si nous prions, ne pratiquons-nous pas la prosopopée ? Dans les écrits, il est fréquent de donner la parole à un être disparu… parfois, je l'avoue, la *prosopopée* fait peur.

Vous l'emploierez à bon escient, et surtout pas pour en faire l'essence de votre roman.

La Diaphore…

C'est la façon d'employer dans la même phrase, deux mots homonymes, mais de sens différent. La plus connue des *diaphores* est extraite des Pensées de Pascal : *« Le cœur à ses raisons que la raison ignore… »* Dans ce cas, la raison du cœur est différente de celle de l'esprit. Là, on ne cite que la plus élémentaire, car la *diaphore* se décline de différentes façons. Un seul exemple, la *diaphore* antinomique : *« Quand je serai grande, serai-je encore petite ? »* On voit que le mot grande et le mot petite ne sont pas issus du même registre.

La Polysyndète

Il s'agit d'employer une conjonction plus qu'on ne le fait d'habitude. Exemple : « *Vous serez riche, et beau, et séduisant, et puissant, quand vous serez plus âgé…* » Et maintenant, à vous, et aux vôtres, et à vos voisins, et à votre entourage d'essayer.

Le Chleuasme pour servir son propre ego

C'est une forme de rhétorique qui consiste à se moquer de soi-même, mais, infâme hypocrisie, en espérant que l'interlocuteur nous contredira, ou du moins atténuera notre propos. De quoi nous rassurer… « *Je n'ai pas vraiment eu de succès avec les filles, au cours de mon jeune âge. C'est sans doute parce que je ne suis pas beau…* »

À utiliser pour déterminer le caractère d'un personnage…

L'Aposiopèse

Je suis certain qu'imitant en cela Monsieur Jourdain qui faisait de la prose sans le savoir, vous faites de *l'aposiopèse* sans le vouloir… Il s'agit de l'interruption brusque d'un propos pour traduire une émotion… Exemple : « *On avait rendez-vous, il n'est pas venu. Ah le… Il me le paiera…* » On devine le mot manquant, comme absorbé par l'émotion…

La Prolepse

C'est le contraire du flash-back. Elle permet d'anticiper une situation et d'en faire le récit. En dialectique, elle s'utilise pour prévenir les objections de l'adversaire. Les politiques sont les maîtres de la *Prolepse* : *« Je vois déjà que vous allez me rétorquer que dans la situation actuelle… »*

La Polyptote vous démange…

Il vous faut l'essayer… La *polyptote* consiste à employer plusieurs formes grammaticales (genre, nombre, personnes, modes, temps) d'un même mot, dans une phrase. Exemple : *« Si tu veux y aller, vas-y ! »* ou bien : *« La colère que j'ai, je l'aie »*. On peut même jouer avec les mots : *« J'ai connu le passé de ces trépassés. »*

La réduplication, un bégaiement volontaire…

Écrire des mots identiques et les placer côte à côte est une forme d'insistance, mais plus encore… Ce procédé peut donner au lecteur l'impression du mouvement, de la profondeur des choses… *« Seul sur cette plage sombre, il regardait au loin, l'horizon lentement se moirer, et à ses pieds, la vague, la vague sans cesse remplacée… »* L'impression de continuité est présente. On sent que la vague qui meurt est immédiatement remplacée par une autre.

La Tmèse vous guette-t-elle ?…

Non je n'ai pas oublié une voyelle en écrivant ce mot. La *Tmèse* est bel et bien une figure de style. Il faut simplement, pour la pratiquer, interrompre un groupe de mots indissociables en y intercalant un autre groupe de mots. Allez, je vous donne un exemple : *« Je vous aime, et demain plus encore, madame… »* Il y a là une sorte de rupture. Si l'incise n'existait pas, la phrase n'en serait pas moins compréhensible. Autre exemple pour la route : *« Vivrons-nous demain, ma mie, aussi bien qu'aujourd'hui ? »*

Je vais cesser là cette énumération de techniques plus intéressantes les unes que les autres. Vous avez bien compris qu'elles ne sont pas indispensables, mais qu'elles peuvent parfois apporter à votre texte un certain bonus.

Il ne faut pas en abuser, ni s'en priver totalement. Ce sera à vous de vous en imprégner pour les utiliser à bon escient.

Vous avez également compris que cette liste n'est pas exhaustive, et que vous pouvez, ici ou là, prélever d'autres techniques susceptibles de vous enrichir. Bonne chance !

Respirons avec la virgule

Une bonne ponctuation aide à la compréhension. C'est la respiration du texte. **La virgule** marque une pause (courte) sans changement de l'intonation. Elle s'emploie :

Pour l'énumération, entre les mots, les groupes de mots de même nature, ou entre des propositions juxtaposées.

Exemple : « *Voici un lapin, une caille, un renard, chassés dans la garrigue.* »

Pour la séparation des mots, groupes de mots ou propositions coordonnées par les conjonctions de coordination répétées deux fois ou plus.

Exemple : « *Je n'aime ni les villes, ni la mer, ni la montagne...* »

Pour la mise en relief d'un élément placé en tête de phrase.

Exemple : « *Au sommet de la montagne, les bergers et des loups cohabitent...* »

Ceci n'est pas valable s'il s'agit d'une inversion de sujet.
Exemple : « *Dans la montagne vivent des bergers...* »

Pour l'isolement de propositions participiales.
Exemple : « *Sa vie rondement menée, il attendait patiemment la fin.* »

Pour la mise en relief d'incises.
Exemple : « *La mère, désolée de voir son fils partir, pleurait...* »
Il s'agit de l'erreur la plus répandue. Si vous mettez la virgule après *La mère*, alors assurez-vous de bien la replacer avant *pleurait*. Cela peut paraître évident sur l'exemple d'une phrase courte telle que celle utilisée plus haut, mais cela se complique avec des phrases plus longues. La bonne solution est toujours d'envisager la phrase principale sous la forme qu'elle aurait prise si l'on n'avait pas ajouté l'incise : « *La mère pleurait* ». Un sujet et un verbe au minimum.

Pour la séparation de relatives à un déroulement chronologique d'événements :
Exemple : « *Je vais, je viens, je cours, vers la porte fermée de la chambre.* »

Après le nom de lieu dans l'indication des dates
Exemple : « *Paris, le 20 janvier 2013.* »

Et souvenez-vous, des virgules utilisées à mauvais escient peuvent nuire gravement à la lecture. J'ai moi-même eu le retour d'une lectrice qui avait été gênée par le mauvais positionnement de mes virgules dans l'un de mes premiers romans, et depuis je fais des efforts pour savoir si en plaçant une virgule à tel endroit, je ne coupe pas le rythme. Toujours faire en sorte de rendre son texte fluide !

Certes, l'on ne peut pas plaire à tout le monde, aucun texte, aucun auteur ne fera jamais l'unanimité dans son lectorat, ainsi va la vie et la diversité des esprits. Comme vous avez pu le voir, j'ai moi-même une préférence pour un certain type d'écriture (on adhère au style ou l'on n'adhère pas, c'est avant tout une affaire de goût). Mais tout le travail que vous pourrez faire en amont, pour rendre votre texte le plus propre possible, vous fera gagner en popularité auprès de votre lectorat.

Et voilà !

Vous voici désormais parés pour la grande aventure. Vous vous sentez plus costaud, et peut-être, par ce modeste ouvrage, vais-je participer à l'éclosion d'une future star. Quel bonheur !

Bien sûr, ces quelques pages ne contiennent pas tout ce que vous devez savoir pour écrire un joli texte efficace, mais s'il vous a mis le pied à l'étrier, s'il vous a fait toucher du doigt que le travail est plus important que tout dans l'aventure littéraire, il aura atteint son but.

J'espère avoir semé en vous, non pas des techniques, non pas une manière de devenir écrivain sur un claquement de doigts, non pas des trucs incontournables, mais l'envie de travailler et de travailler dans le bon sens. Je pense vous avoir montré la grande difficulté de l'écriture et surtout la nécessité impérieuse de remettre cent fois l'ouvrage sur le métier. Si j'ai obtenu ce résultat-là, j'ai réussi mon affaire. D'autres livres vous apporteront d'autres éléments, mais rien ne remplacera votre propre vécu. Écrivez tels que vous êtes, en vous servant de ces quelques pages, ou pas, mais surtout écrivez tels que vous êtes…

Ce modeste travail vous aidera peut-être à éviter les premiers pièges de l'écriture… Si tel était le cas, j'en serais parfaitement heureux…

Pour terminer, je voudrais vous dire combien l'écriture est une difficulté pour moi… Mais une fois franchis tous les obstacles, je puise une joie inégalable à découvrir l'enfant que j'ai créé. J'écris, j'écris, et quand le mot « fin » vient clôturer tous ces mois d'effort, j'éprouve un bonheur indicible. Sans doute identique à celui du navigateur perdu qui entrevoit au loin, la terre tant espérée. La vie d'auteur est parfois remplie de belles rencontres. Et quand vous vous retrouverez devant une assemblée (un club de lecture par exemple), passionnée par vos romans, vous éprouverez une joie intérieure telle que vous vous sentirez largement récompensés de tous ces efforts consentis.

Le leurre des logiciels d'écriture

Qui n'a pas rêvé de voir son travail facilité et même presque prédigéré par des logiciels modernes qu'il suffirait de posséder pour devenir un véritable écrivain.

Calmez-vous les amis, ce miracle n'existe heureusement pas, et n'existera jamais… Du moins, je l'espère.

Par contre, d'excellents logiciels que vous trouverez facilement, riches en dictionnaires performants, correcteurs grammaticaux et autres analyseurs, vous aideront à coup sûr. Cependant, comprenez une chose, le seul vrai instrument d'écriture, c'est vous, et seulement vous !

Déçus ? Allez, ne vous découragez pas, et lancez-vous… L'écrivain est un être solitaire…

Mais ne manque-t-il pas un détail d'importance ?

Tout est quasiment prêt, votre roman est écrit, vous vous sentez fier d'avoir accouché d'un tel chef-d'œuvre, et vous vous apprêtez à avertir votre banquier des masses de billets qui vont déferler sur votre compte. Mais au fait, comment s'appellera l'objet de votre orgueil ?

Donner un titre à un texte n'est jamais chose facile. Ce n'est pas un détail. Loin de là ! C'est la couverture et le titre qui attireront le lecteur potentiel. Un bon titre est déjà un gage de succès.

Par exemple, si vous appelez votre roman : *Le soleil des montagnes*, titre absolument passe-partout qui n'attirera jamais l'attention du lecteur potentiel, vous allez droit dans le mur. On préférera quelque chose du genre : *Mystère au pied des Alpes*. Tout cela pour vous expliquer que le lecteur a besoin d'être happé pour avoir envie de retourner le livre et de lire la quatrième. Si votre titre ne l'accroche pas, il passera son chemin.

Prenons un autre exemple : Vous habitez Nîmes, et vous avez situé votre roman au cœur même de cette cité. Si vous nommez votre texte : *Du sang sous le sable*, les habitants de la région comprendront que le titre fait référence au sable des arènes… On sera donc dans un drame tauromachique. Mais les autres, ceux qui ignorent tout de cette ville et de son activité taurine, resteront sourds à votre appel.

Certains titres sont fameux, d'autres laissent terriblement à désirer. Mais surtout ne vous basez pas sur les stars de l'écriture, leur communication ne porte ni sur la couverture, ni sur le titre, mais sur leur personne exclusivement. Auriez-vous acheté *La Carte et le Territoire,* si en lieu et place de : Michel Houellebecq, vous aviez lu : François Pichenet ? (s'il existe, qu'il me pardonne).

Parfois, le titre s'impose à l'œuvre. Parfois il ne vient pas et se fait prier. En tout cas, sachez que *La Petite fille assassinée,* un beau roman policier écrit par un inconnu, a fait un tabac, alors que : *On ne meurt peut-être pas tous,* du même auteur, et aussi fameux, n'a pas trouvé son public.

Bien sûr, si vous êtes un forcené de la dédicace et si un public de proximité aime votre travail, le titre de vos ouvrages perdra localement de son importance, votre nom suffira.

Sachez en tout cas que le titre doit parler au lecteur. Peu importe s'il vous fait craquer vous, ou s'il évoque pour vous des horizons intimes. Peu importe ! Ce qui compte avant tout, c'est qu'il parle à celui qui vous fera le plaisir de mettre la main à la poche pour vous lire. En conséquence, vous éviterez :

♦ Les titres déjà trop usités (une promenade sur Internet vous renseignera).
♦ Les titres trop généralistes.

♦ Les prénoms (sauf s'ils parlent d'eux-mêmes : Victor. H désigne pour tous Victor Hugo).
♦ Les titres fleuves
♦ Les titres grossiers

Et pourquoi pas l'humour ?

Certains éditeurs jouent la carte de l'humour… Souvenez-vous par exemple de : *Le Cercle littéraire des amateurs d'épluchures de patates*. Voilà un titre qui donne envie de découvrir ce qu'il y a derrière.

Une maison d'édition parisienne n'hésitait jamais à barder ses couvertures de titres désopilants :
- *Mozart est là*
- *La dérive des incontinents*
- *Où est le bec ?*

Ou alors, pourquoi ne pas tenter la déformation de titres célèbres ? :
- *Le nain sniffera trois fois,*
- *Le thon, la truite et le chat-huant*

Là, on est quand même là dans l'ironie et la caricature.

Je préfère l'originalité.

Cependant, il arrive, et cela a été le cas pour un de mes romans, qu'aucun titre ne corresponde à ce que l'on a écrit. Il faut donc ruser. C'est ce que j'ai fait…

C'était un terroir, et je n'arrivais pas à le nommer. Rien ne lui allait… alors en désespoir de cause, je me suis tourné vers la chansonnette et l'ai appelé : *Les lauriers sont coupés*. Mais il contenait très peu de références aux lauriers… j'ai donc transformé mon texte en donnant à cette plante une valeur symbolique et un rôle dans le déroulement de l'histoire. C'est donc le titre qui a fait évoluer une partie de mon roman, alors que celui-ci était déjà terminé. Le résultat de ce remue-ménage est plutôt satisfaisant.

La couverture

Ce n'est pas le moindre des moyens de communication dont dispose le livre pour s'attirer les bonnes grâces des lecteurs. Souvent, c'est l'éditeur qui s'en occupe, mais rien ne vous empêche d'avoir votre idée sur la chose.

! *Là, c'est mon côté éditeur qui parle :* lorsqu'un auteur nous propose des photos ou des images intéressantes, nous en sommes plutôt heureux. C'est la preuve qu'il a réfléchi, lui aussi, à cet aspect des choses.

La couve ne représentera pas obligatoirement le contenu du livre, mais parlera au moins de son univers.

PS : Il n'y a pas, en la matière, de recette miracle…

Quoi qu'il en soit, veillez à ce que la couverture vous plaise, mais surtout qu'elle plaise à votre futur public.

La vie du livre en dépend en grande partie.

Combien de romans d'inconnus ont décollé grâce à un titre et une couverture remarquables ?

L'inverse est valable également, bien sûr !

Et la quatrième de couve ?...
Si la couverture attire l'œil du futur lecteur, ce sera au tour du texte de quatrième de le ferrer. Ce n'est pas un exercice facile ! Souvent l'éditeur s'en charge, mais il ne refuse jamais l'aide de l'auteur. C'est même un des points qui clôturera le côté littéraire de la collaboration entre l'éditeur et vous...

On n'y racontera pas le livre en détail... ce qu'il faut, c'est susciter l'intérêt du lecteur, lui donner envie de vous lire... Concision et simplicité sont indispensables. Un lecteur embrouillé par la quatrième est un lecteur perdu...

La quatrième pose des questions, ouvre des portes, brosse en deux mots l'univers du roman et permet de présenter le héros principal au lecteur... C'est tout !

Et maintenant c'est à vous !
Écrivez, écrivez, réécrivez, corrigez, simplifiez, cisaillez, faites relire, faites reluire, et soyez heureux !
Soyez heureux, c'est ça le principal !

Ça y est, vous avez fini...

Du moins, vous le croyez. Vous avez franchi bien des obstacles, vous avez inventé une histoire, créé des personnages colorés, réussi à éviter de tomber dans les lieux communs, vous êtes arrivé au bout de l'histoire en maintenant le suspense. Bref, vous avez lieu de vous montrer satisfait du travail accompli. Vous avez sans doute raison, mais... Avez-vous remarqué combien ce mot *mais* est méchant ? C'est un briseur de rêves, un noircisseur de bonheur. Tout se passait si bien jusqu'à ce *mais*...

Mais, disais-je, vous n'avez encore rien fait. Envoyez votre manuscrit tel quel, et il vous reviendra à coup sûr, sans même l'ombre d'un commentaire. Cette matière brute sortie de votre crâne mérite encore d'être bichonnée, épurée, chouchoutée.

Eh oui, ce n'est jamais fini...

Lorsque j'ai terminé un roman, du moins lorsque j'en ai écrit le premier jet, un travail de titan m'attend. Personnellement, je m'adonne au minimum à 30 lectures consécutives.

Prenons une image : Votre texte est une planche de bois brut, belle certes, mais pas encore affinée. Je vous conseille de prendre en main le rabot de votre plume, et de commencer votre œuvre d'embellissement massif.

Mes 10 relectures principales

Avant toute relecture, j'enclenche la phase dite du *ciseau*. J'en ai déjà parlé. Je coupe, je cisaille, je tronçonne s'il le faut. Je rends mon texte plus viril. Plus accessible. Puis, je débute les relectures :

▶ La première me sert à travailler les verbes. Je cherche pour chacun un remplaçant plus loquace ; car le premier jet donne rarement le meilleur. Profitez-en pour vérifier si vous n'avez pas abusé des verbes.

▶ La seconde lecture est utilisée pour préciser les mots et les rendre plus explicites (en leur cherchant des équivalents plus significatifs). Je m'intéresse là aux gros mots éventuels, au langage de l'époque concernée, aux mots techniques, etc. C'est à ce stade que je renforce la couleur locale de mon roman.

▶ Au cours de la troisième lecture, je travaille les personnages. Je renforce leur personnalité, je les fais bouger (nous avons vu comment).

▶ La quatrième lecture est celle où j'affûte encore mes ciseaux. Je vérifie à ce stade qu'il n'y a rien de superfétatoire dans mon texte. J'essaie d'éliminer les scories inutiles. À ne pas confondre avec le tronçonnage préliminaire. Là, on est dans le détail.

▶ La cinquième lecture me sert à supprimer mes tics littéraires (nous avons vu comment faire). Certains logiciels vous permettent de compter les occurrences des mots. Le résultat est souvent étonnant.

▶ À la sixième lecture, je m'occupe des fins de chapitre et de la liaison entre les différents morceaux de mon texte.

Vient alors le moment pour moi de faire une pause…
À ce niveau, j'abandonne tout un jour ou deux, et je me lance dans la lecture du court roman d'un auteur que j'apprécie pour son style minimaliste. J'en ai deux principaux : Maurice Genevoix (je ne lis dans ce cas précis que ses textes courts ou des parties de textes), et Philippe Delerme. Je ne fais pas ça pour imiter leur écriture, mais pour me gorger de leur énergie, et me nourrir de leurs vibrations. Je n'ai jamais dérogé à ce principe. Bien sûr, ce n'est qu'une méthode personnelle. Elle n'est en rien obligatoire !

▶ La septième correction est la phase des coups de cœur. Il m'arrive d'ajouter des choses manquantes que les lectures précédentes m'ont fait toucher du doigt. C'est un travail de précision, car il faut songer à mêler ces ajouts au texte, sans que ce soit visible. De cette manière, sur la planche déjà très dégrossie, viennent se fixer des morceaux bruts. Cela redonne au texte un soupçon de fraîcheur.

▶ La huitième lecture est une correction grammaticale. Là, j'essaie d'aiguiser mon style, de rayer les erreurs d'accord (s'il en reste), et de placer certaines trouvailles originales en matière d'organisation des phrases.

▶ La neuvième lecture me sert à régler le rythme des phrases. Là, j'allonge, je raccourcis, je cisaille encore.

▶ La dixième est plus générale, elle me permet de tout régler, de tout ajuster.

Vous pouvez en rester là… Ou alors relire encore en gommant vos faiblesses. Sachez tout de même qu'il s'agit d'une méthode, de « ma » méthode. Elle n'a pas, elle non plus, de prétention universaliste. Pour moi, elle fonctionne bien, alors pourquoi ne fonctionnerait-elle pas pour vous ?

Mais vous pouvez faire plus court, à condition que votre premier jet soit efficace.

***NB :** J'ai parmi mes auteurs, une écrivaine qui corrige très peu ses textes. Son résultat est souvent fameux. Rapide, direct, palpitant. Mais sachez que ce cas de figure est une exception ! De plus, son style aurait du mal à répondre au roman de terroir ou au roman d'amour. Mais pour les policiers, et autres thrillers, il est très performant.*

Bien sûr, les relectures ne sont pas bloquées sur tel ou tel aspect des choses, et si à la troisième, vous repérez une lacune quelconque, il n'est pas interdit de la corriger. Ainsi, au fur et à mesure, votre texte s'aiguisera.

> ⚠️ ***PS :*** *Vous porterez une attention toute particulière à la fin du roman. En effet, on a toujours tendance à favoriser les premiers chapitres, et à négliger les derniers. Alors, n'hésitez pas à consacrer une ou deux lectures supplémentaires aux derniers chapitres.*

Pour en terminer avec ce sujet, je tiens à vous dire que vous n'êtes en rien obligés de vous astreindre à ces dix lectures, ni de les exécuter dans l'ordre indiqué, ni même de vous en tenir là ! Cependant, au bout de cet énorme labeur, votre texte sera prêt pour la phase suivante.

Car il y a bien sûr une phase finale.

> ***NB :*** *De mon côté, je continue des jours et des jours. Vient quand même le temps du mot fin ! Éternellement insatisfait, je m'empresse de faire lire ma création à des personnes compétentes de mon entourage. C'est le moment le plus excitant, mais aussi le plus stressant de mon travail. Les questions se bousculent : Et si ça ne valait rien ? Et si le sujet n'intéressait personne ? Et si mon écriture m'avait abandonné ?*

C'est l'heure pour moi de me mettre dans la position de l'élève en face de l'examinateur. Je m'y résous la peur au ventre, comme si tout le travail précédent n'avait servi à rien. Ce n'est pas le cas pourtant ! Chaque passage sous le rabot a bonifié mon texte, et au final, j'ai de quoi être satisfait.

Bien sûr on peut mieux faire ! Bien sûr de nombreux auteurs sont meilleurs que moi, mais quand le travail est effectué avec les tripes et le cœur, on a toutes les raisons de s'en réjouir.

Par la suite, ce sera à l'éditeur de juger, et plus tard au lecteur, mais ça, c'est une autre histoire !

L'exemple d'un roman

Quand le vin est tiré, un de mes romans qui relate la crise viticole de 1907, va me permettre de vous exposer l'évolution d'un processus de création. Je vais tenter ici, de remonter, étape après étape le cheminement qui m'a mené de l'idée de départ au mot fin et à l'édition.

Je dois dire en préalable que *Quand le vin est tiré* était mon 4ème roman, et mon 2ème chez TDO Éditions. Le premier, *Les Bûchers du Paradis*, lui avait tracé une route confortable. Ce nouveau texte n'allait connaître aucune difficulté pour trouver son éditeur. C'était une bien agréable sécurité.

De l'idée initiale au démarrage…

Je me trouvais un jour de 2006 dans une librairie de Perpignan où j'animais des ateliers d'écriture. Je venais d'éditer les *Bûchers du paradis*, un roman sur les Cathares, et m'apprêtais à reprendre un texte déjà écrit, afin de le finaliser pour l'édition. Le patron de la librairie m'interpella alors que j'allais prendre congé :

— Si vous cherchez un sujet porteur, j'en ai un à vous proposer, me dit-il.

Il m'assura que la révolte paysanne de 1907 dont, moins d'un an plus tard nous allions célébrer le centenaire, pouvait m'offrir l'opportunité de me faire connaître du grand public (local). En effet, cet événement avait fait beaucoup de bruit en son temps et promettait de remuer pas mal de monde en 2007. Je promis de me pencher sur l'affaire et de le tenir au courant.

Première difficulté

Je ne savais rien de cette histoire. Ou presque. Et même si tout le département avait l'air concerné, j'ignorais quasiment tout de ce gigantesque mouvement populaire dont les traces profondes sont encore visibles dans l'agriculture régionale. En son temps, *Les Bûchers du Paradis* m'avait confronté au même type de situation.

Chance suprême

100 ans, c'est peu et beaucoup à la fois. C'est trop éloigné pour pouvoir interroger des témoins oculaires, mais suffisamment proche pour permettre la consultation d'archives parfaitement conservées. En effet, j'ai eu la grande chance de pouvoir me référer aux journaux contemporains des événements, ainsi qu'aux mémoires rédigés par plusieurs témoins importants. Des photographies d'époque m'ont permis de mieux connaître les vêtements, de visualiser la densité des foules, et même de découvrir les pan-

neaux et bannières portant des slogans revendicatifs.

Plusieurs essais écrits par des professeurs (Jean Sagnes par exemple), et des conférences auxquelles je me fis convier, m'ont donné la possibilité d'affiner mes connaissances.

Modestie

Au milieu de ces gens très compétents, je me suis toujours senti petit. Car le roman, genre relativement raillé par les vrais intellectuels, ne positionne pas leur auteur dans le cercle jalousement grillagé des tenants de la connaissance. Nous avons la réputation d'être des zappeurs, et notre vision des sujets apparaît souvent trop légère et éloignée de la vérité. Il faut s'en accommoder.

Le lieu, l'époque

L'époque était bien sûr toute trouvée, mais encore fallait-il que le lecteur puisse se croire revenu en 1907. Pour cela, la lecture de quelques romans a été nécessaire (par exemple : *le vin pur* de Ludovic Massé, ou *Les Vignes de Sainte-Colombe* de Christian Signol, etc.). Les carnets agendas de mon arrière-grand-père ont également servi de base à ma connaissance du mode de vie. Bien sûr, ma propre expérience rurale m'a considérablement aidé.

Les lieux, quant à eux, se sont imposés. En effet, les événements de 1907 ont été réellement initiés à Baixas, petit village très proche de mon lieu d'enfance. Il m'a suffi de déformer le nom de ma commune, afin de pouvoir me permettre certaines imprécisions, et surtout de n'avoir pas à répondre à ceux qui auraient pu reconnaître un des leurs.

Un héros, et son entourage

Une fois tous ces détails réglés, il me fallait bien sûr inventer un héros. Le choix était multiple : allais-je prendre un agriculteur, un riche bourgeois confronté à la misère, un soldat fils de paysan engagé pour affronter les siens, un notable, un militant agricole, un haut fonctionnaire, Clemenceau lui-même ? Marcellin Albert, le leader de la cause vigneronne ?…

Je voulais rendre hommage aux manifestants, j'allais donc choisir l'un d'entre eux : un petit vigneron prénommé Rémy !

Rendre intéressant

On imagine qu'un roman qui se serait contenté de guider le lecteur au gré des manifestations serait vite devenu inintéressant et monotone. Je devais donc créer une histoire dans l'Histoire.

La famille dont j'allais parler devait subir tous les malheurs qui s'étaient abattus sur les viticulteurs de 1907. Elle devait incarner à elle seule, la réalité du moment. Pour cela, les anecdotes dramatiques relevées dans la presse de l'époque m'aidèrent parfaitement.

1) Le père, dont les biens risquaient être saisis par les huissiers suppôts de l'administration, au plus bas moralement, allait se suicider (de nombreux cas similaires avaient été enregistrés).

2) La mère, mal nourrie (elle donnait sa modeste

part à ses enfants), et épuisée de chagrin, allait succomber à une maladie pulmonaire courante en ce temps-là.

3) Le fils, pas encore majeur allait, lui, se retrouver chef de famille avec sa petite sœur à charge.

Le nœud du problème

Restait à trouver les raisons qui allaient pousser Rémy à s'engager dans les manifestations, et surtout, restait à complexifier sa situation. Ce ne fut pas chose facile. Ce nœud-là constituait le point dont tout allait dépendre. Ou le roman serait poussif, ou il présenterait un intérêt pour le lecteur.

L'idée

Au bout d'un certain nombre de jours d'hésitation, l'idée que l'administration puisse venir enlever Pauline (la petite sœur), à Rémy désormais orphelin, pour la placer en famille d'accueil était une bonne base de départ. Chez les villageois, cela allait créer une révolte supplémentaire, et une autre source de solidarité. C'est là que tout se décida.

L'affaire

L'évolution de la misère, la montée en puissance de la révolte, ne tarderaient pas à déboucher sur une première grande manifestation. C'était là que quelque chose devait arriver. Mais quoi ? Un combat contre la police ? La rencontre de Rémy avec d'autres agriculteurs inconnus… la rencontre. En écrivant ce mot, le flash m'est venu : Oui Rémy allait faire une rencontre marquante à Narbonne. Au milieu de cette foule excitée, une fille apeurée allait se blottir dans ses bras et même lui donner un baiser. Mais la créature allait disparaître avant qu'il n'ait eu le temps de lui demander son nom.

Voilà la situation à ce moment-là :
• Rémy et son père (ce dernier se suicidera quelques jours plus tard) ont décidé de s'engager dans le mouvement viticole.
• À Narbonne, Rémy a fait une rencontre très marquante.
• La situation sociale s'envenime jour après jour.

Tout est donc prêt pour qu'éclate le drame : La mort du père, celle de la mère, le risque de placement de la petite sœur, la rencontre.

Si Rémy voulait garder Pauline, il allait devoir fonder une famille… Voilà le postulat posé par l'administration de l'époque et relayé par le maire du village. Il devait donc parcourir les manifestations à la recherche de celle qu'il avait serrée dans ses bras et qui l'avait embrassé si amoureusement. Rémy allait faire une fixation sur la fille de Narbonne.

Ce stratagème m'a permis d'embarquer le lecteur dans les manifestations, sans le lasser (je crois). Ce qui l'intéressait désormais, c'était la mystérieuse demoiselle.

De Narbonne à Béziers, de Béziers à Carcassonne, de Carcassonne à Perpignan, de Perpignan à Nîmes, de Nîmes à Montpellier, de Montpellier à Narbonne encore, la quête de l'amour inconnu allait occuper Rémy. Pourtant, au village, la fille d'un riche propriétaire ne demandait qu'à l'épouser. Mais pour lui, il n'y avait personne d'autre que la belle Narbonnaise.

Marcellin Albert

Impossible de traiter des événements de 1907 sans mettre en exergue les deux personnages emblématiques de cette aventure : Ernest Ferroul, le maire de Narbonne, et surtout Marcellin Albert, le leader charismatique de la lutte paysanne. Autour de ce dernier, personnage haut en couleur, se sont organisés des réseaux presque mystiques que je me suis empressé de dépeindre dans le roman. J'ai même inventé une rencontre entre Rémy et Marcellin. Elle se produisit à Béziers où le leader agricole tenait à rencontrer le pauvre enfant dont le père avait décidé de mourir pour la cause paysanne.

La fille

Mais qui était donc la mystérieuse jeune fille dont Rémy ne cessait de rêver et qui, en l'épousant, sauverait Pauline ? Je devais en faire un être énigmatique. Introuvable, inapprochable. Elle devait rester un beau souvenir… Du moins jusqu'à la rencontre ultime qui allait sceller l'impossibilité.

L'impossibilité

Si tout se passait bien, et de façon conventionnelle, le roman risquait de devenir banal. Il fallait au contraire que je trouve une raison qui allait rendre les relations entre Rémy et la fille, irrémédiablement impossibles. Mais quoi ?

La fille était-elle celle d'un magistrat, d'un policier, d'un gradé de l'armée ? Là, j'avoue avoir été confronté aux pires difficultés. Je n'arrivais pas à trouver le détail qui rendrait irréalisable la relation entre ces deux êtres.

Jusqu'au moment où l'idée définitive a émergé (à la mi-roman), et malgré cette incertitude, je n'avais cessé d'écrire. Bien sûr, je disposais de quelques pistes non totalement satisfaisantes, qui auraient pu être utilisées. Au fond de moi, j'espérais que quelque chose allait jaillir. À force d'être sollicité, le cerveau accouche d'une solution. C'est pour cela qu'il ne faut pas avoir peur de continuer à rédiger, quitte à revenir en arrière.

Je tournais et retournais cet écheveau dans ma tête, quand, au gré d'une lecture d'archives, l'idée fusa ! La fille serait une prostituée : C'était ça le petit truc que je cherchais : une prostituée... Elles étaient nombreuses à suivre les manifestations. L'une d'entre elles, effrayée par la foule ou peut-être poursuivie par son souteneur ou quelque amoureux, avait tenté de se cacher dans les premiers bras qu'elle avait trouvés : ceux de Rémy.

Et voilà
Le tour était joué... Rémy allait découvrir que la fille de ses rêves n'était rien d'autre qu'une péripa-

téticienne, et pour sauver Pauline (entre-temps, elle avait été placée), il allait devoir se retourner vers la villageoise qui désirait tant le prendre comme mari.

Le final

La vie de Rémy continuera sans amour, sinon celui de Pauline. Il a fondé une famille avec une femme qu'il n'aime pas, mais il assiste au redémarrage de la viticulture, et, finalement, il considère que ce n'est pas si mal !

On a fait la connaissance de Marcellin, on a arpenté les principales villes du Languedoc, on a participé à un immense mouvement populaire, on s'est plongé dans un temps révolu, on a appris la teneur de ces spectaculaires manifestations, et surtout on s'est noyé de terroir.

Ce roman a connu un bon succès populaire. Trop local sans doute !

Au sujet de ce texte, je dois ajouter quelque chose de singulier : le manque de temps (les célébrations n'attendraient pas) m'a obligé à réduire le nombre de mes corrections stylistiques, ce qui a influencé de façon nette le résultat final. L'écriture en est moins lissée et de nombreux éléments signatures de ma manière d'écrire sont souvent absents. J'avais un peu peur de faire lire le manuscrit en l'état, mais il fallait à tout prix s'activer.

À ma grande surprise, ce que je prenais pour une tare s'est transformé en qualité, et beaucoup de mes lecteurs ont interprété ce manque de travail comme l'expression d'une spontanéité. Ils y ont découvert une émotion que j'aurais sans doute passablement ébréchée par un ponçage plus appuyé.

Le résultat a plu. Depuis, je cherche à garder le plus souvent possible la structure spontanée de mon texte, et les lissages sont plus doux. Au final, je gagne plusieurs mois de rédaction, et ce style plus direct attire de nouveaux lecteurs.

La conclusion de tout cela est la suivante : La difficulté pour l'auteur est de savoir où et quand arrêter ces retouches. Car la planche brute que vous détenez à la fin de la rédaction peut devenir trop lisse à force d'être poncée, et ne plus vous ressembler.

Et après ?

Nombre de mes lecteurs sont restés sur leur faim, et la tristesse de ce mariage raté ne les a pas entièrement satisfaits. Une suite était possible. Je ne suis pas fanatique des suites, mais la tentation était trop forte de permettre à Rémy de continuer sa quête. C'est chose faite désormais avec *Le Pont des Illusions*. Rémy quittera sa femme en compagnie de Pauline, et partira s'installer ailleurs, en attendant d'avoir des nouvelles de celle qu'il aime… Ce sera l'occasion de nouvelles aventures, de nouvelles rencontres…

Le cas particulier du terroir

Pour le roman de terroir, tout ce que nous avons vu jusqu'ici reste valable, bien sûr. Cependant, ce genre un peu à part exige le respect de codes particuliers.

L'écriture sera soignée et les descriptions méticuleusement orchestrées. Il faut absolument se souvenir que le lectorat du roman de terroir est différent de celui des autres genres. Il sera fidèle à votre plume et à votre univers. Il ne faudra pas le décevoir.

Traditions et vieux métiers

Nostalgie est le maître mot du terroir. Pour cela, les vieux métiers, les anciennes pratiques seront à l'honneur. Cela exige bien évidemment un certain nombre de recherches. Les dialogues spécifiques (jurons, idiomes, etc.), les objets du quotidien créeront l'ambiance et feront couleur locale.

Plongée dans l'histoire

Le roman de terroir, plus que tout autre, sera plongé dans un bain historique local qui lui conférera une certaine consistance. Les régions regorgent d'événements marquants qui ne demandent qu'à être replacés dans leur contexte.

Les Personnages

Nos campagnes pullulent de personnages hauts en couleur (voir Giono ou Pagnol), de personnalités rares qui ne demandent qu'à participer à vos récits. Invitez-les, ils leur apporteront la touche d'authenticité indispensable.

Le rythme

Il sera souvent lent, calqué sur celui de la nature. Mais il est évident qu'en cas de nécessité, il s'accélèrera. Les paragraphes seront rarement brefs, les phrases s'allongeront également.

L'action

Hélas, très souvent, les romans de terroir se contentent d'une histoire légère et préfèrent mettre l'accent sur les paysages, les villages, etc.

L'action sera paysanne, bien sûr, mais elle sera aussi bien ficelée que pour un policier ou un roman d'action. La négliger serait contre-productif. On pourra utiliser les secrets de famille, les aventures ayant eu pignon sur rue, l'histoire locale, les personnages illustres auxquels on peut rattacher un fait du cru, des policiers immergés dans le territoire. Chaque fois, le pays, ses racines, son activité rurale, seront mis en valeur.

NB : Terroir ne signifie pas manque d'action…

Les descriptions

Souvent dans les romans contemporains, les descriptions sont accusées de rompre le rythme. Dans le roman de terroir, on veillera au contraire à placer (judicieusement), des descriptions de lieux, de paysages, de métiers anciens. Elles font partie intégrante du roman et sont même indispensables. Cependant, on fera attention de ne pas en truffer le livre, le lecteur n'arriverait pas au bout de sa lecture.

La description doit impérativement être utile au roman.

Régalez-vous

Le roman de terroir, plus qu'un autre, est un passage de témoin. Il permet de livrer au lecteur qui ignore la vie rurale, un grand nombre de détails et de particularismes qui ont contribué à construire notre passé. Pour cela, l'auteur aura la motivation d'effectuer cette transmission. S'il n'est pas ou n'a pas été paysan lui-même, il sera proche de la nature.

L'enfermement

Connaître un certain succès avec le terroir risque de vous enfermer dans un genre dont il n'est pas facile de sortir. Votre lectorat vous attendra là-dessus et beaucoup moins dans un autre genre littéraire. Vous aurez le choix, soit de vous laisser enfermer, la prison est douce tout de même, soit de vous en extraire.

Écrire le terroir est souvent interprété comme un sacerdoce, un engagement. Si vous excellez dans le genre, vous deviendrez une sorte de militant de la ruralité. Ma propre expérience de cette incarcération volontaire m'a appris qu'il n'est pas facile de produire autre chose dans un périmètre donné. Sauf si pour vous le terroir n'est qu'un passage épisodique et que vous préférez vous spécialiser dans un autre secteur.

Couvertures et titres

Cet aspect-là est encore plus important pour le terroir qui se vend plus grâce à une belle couverture que les romans d'un autre genre. La « couve » sera très campagnarde et le titre parlera bien sûr de terroir. Les lieux seront mis en avant, ou bien les personnages.

On privilégiera les photos. Bien sûr, le dernier mot restera à l'éditeur. C'est lui qui investit, il a donc toutes les raisons de bien vendre votre travail.

Et si vous éditiez ?

Votre livre est prêt, il ne vous reste qu'à réfléchir à la meilleure manière d'agir pour le négocier au mieux. Plusieurs solutions s'offrent à vous. C'est déjà bien !

1) Et si je gardais mes écrits pour moi et ma descendance ? C'est un choix que beaucoup d'auteurs amateurs font. Ils confient leur manuscrit à des imprimeurs spécialisés, la toile en regorge, et sortent leur chef-d'œuvre à 10, 20 ou 30 exemplaires. Pas cher, et largement suffisant pour faire plaisir à votre entourage.

Mais vous n'avez pas parcouru cet opuscule pour lire ça ! D'accord, je continue…

2) Et si la toile me servait d'éditeur ! Plusieurs sociétés vous proposeront d'éditer virtuellement votre texte. Il sera peut-être acheté par quelques amateurs de lecture sur ordinateur ou tablette. Mais vous n'aurez rien dans votre bibliothèque qui flattera votre orgueil d'écrivain.

Et surtout très peu d'indications sur le nombre de vos lecteurs.

Re-Grognements !

3) Et si je devenais moi-même mon propre éditeur ? Créer une maison d'édition (associative ou non) n'est pas bien compliqué. Quelques renseignements pris sur Internet ou auprès de votre chambre de commerce devraient vous y aider. Mais dans ce cas, vous devrez vous débrouiller seul (mise en page, corrections, choix de l'imprimeur, diffusion, etc.) Pas facile ! Pour info, mon éditeur actuel a débuté ainsi. Auteur d'un thriller, il a fondé sa propre maison d'édition. Mais l'individu est tenace, débrouillard, multicompétent et courageux. Il a réussi au-delà de ses espérances, puisque sa (notre) société compte aujourd'hui parmi les valeurs montantes et sûres de l'édition régionale.

Vous grognez encore ! Je poursuis…

4) L'autoédition. C'est sans aucun doute le plus rapide, le plus facile, et le moins chronophage pour l'auteur. Il lui faudra seulement un carnet de chèques. L'imprimeur (spécialisé) mettra en page le livre à votre place, et vous fournira 100, 200, 300 exemplaires ou plus de votre roman. Il vous incombera tout de même d'en assurer les corrections et surtout la diffusion. Avec un peu de courage, vous y arriverez. Surtout si vous vivez dans un coin riche en librairies susceptibles d'accueillir vos ouvrages. À vous bien sûr de médiatiser votre travail, de coller des affiches, de remuer votre entourage, de « mailer » à tout va, etc.

Encore un léger grognement ? Voyons plus loin.

5) Et si vous contactiez un éditeur ? C'est la meilleure solution à quelques nuances près.

Il y a sur le marché de l'édition, comme dans tous les secteurs économiques, les sérieux, les brigands, et les marchands de rêves. Si vous obtenez des réponses positives très (trop ?) rapidement, vérifiez le contrat d'édition (s'il n'y en a pas, exigez-en un). Pour éviter les surprises, je vous recommande de le montrer à un spécialiste juridique. Car derrière l'enthousiasme débordant de votre interlocuteur se cache trop souvent un contrat à « compte d'auteur ». La facture risque d'être lourde. Et même si on vous promet une vaste diffusion, sachez que vous n'aurez aucun moyen de vérifier.

Certains faux éditeurs pousseront le vice jusqu'à vous faire payer des livres que vous ne verrez jamais.

Alors attention ! Si vous payez un imprimeur ou un éditeur revendiqué comme éditeur à compte d'auteur, votre livre doit vous appartenir, et surtout vous revenir physiquement. En aucun cas vous ne devez acheter (même avec réduction), un livre que vous avez déjà payé. Il vous appartient ! Trop de gens malhonnêtes se sont positionnés dans ce domaine. J'ai même vu un éditeur qui faisait payer des droits de garde. Soyez vigilants ! Ne croyez surtout pas sur parole les « comptes d'auteurs » quand ils vous assurent que votre livre sera diffusé. Exigez d'eux une liste des points de vente et vérifiez la réalité de la chose. S'ils refusent de vous donner des indications précises, laissez tomber.

La possibilité la plus acceptable pour moi est le compte d'éditeur. Mais pour cela, il vous faudra de la persuasion, de la ténacité, et un produit correspondant à une réalité du marché. C'est tout à fait possible. D'ailleurs, pour exister, les vrais éditeurs sont obligés d'éditer un certain nombre de nouveaux auteurs chaque année. Pourquoi ne seriez-vous pas l'un de ces petits nouveaux aux dents longues ? Tenez compte tout de même que les aspirants à l'édition sont légion. Pour notre seule maison d'édition, je puis dire sans risque de me tromper, que nous recevons au moins 300 manuscrits par an, pour 5 ou 6 auteurs nouveaux. Le reste de notre catalogue est puisé chez nos anciens. La fidélité à ses auteurs est aussi une des qualités d'un bon éditeur.

Les droits d'auteur. À part si vous êtes une star déjà médiatisée, on ne vous proposera jamais plus de 10 % (plutôt 7 ou 8 %) du prix du livre (sans que vous ayez versé au préalable le moindre centime, bien sûr). Donc, si vous comptez là-dessus pour vivre et pour faire fortune, armez-vous de patience et révisez vos achats à la baisse.

Vous comprenez maintenant pourquoi travailler et travailler encore est important. Vous devez être meilleur, plus tenace, plus performant, plus disponible que les autres.

La relation auteur éditeur est une relation avant tout humaine. Montrez-vous, proposez, suivez votre œuvre et surtout prouvez que vous serez disponible le jour où…

La modestie (qui n'est pas le contraire de l'ambition), est une des qualités les plus recherchées par les éditeurs. Chaque maison d'édition à ses particularités, à vous de choisir celle qui correspond le mieux à vous.

Il faut signaler quand même que la qualité littéraire d'un roman n'est pas, et ne sera jamais le critère exclusif du choix. Les atomes crochus, la complémentarité, seront tout aussi importants. Un roman, c'est aussi et surtout un auteur, et un éditeur en signant le contrat s'engage avec les deux… Si votre œuvre passe mal, ce ne sera pas possible, mais si vous, vous passez mal, ce ne le sera pas plus.

Et surtout, ne croyez pas qu'une fois votre manuscrit retenu par un comité de lecture, votre besogne sera terminée. Pas du tout ! Il vous faudra porter votre roman, accepter d'aller vous installer dans des librairies qui vous feront l'honneur de vous recevoir, pour dédicacer. Vous serez marchand après avoir été auteur.

Vous insisterez auprès de votre éditeur pour être invité dans les salons du livre, dans les émissions radio, dans tous les événements littéraires de votre région. Vous n'hésiterez pas à faire jouer vos relations pour séduire la presse locale. Votre éditeur en sera ébahi.

Mais revenons un peu en arrière…

Préparez votre manuscrit pour l'édition
Tout est prêt, votre manuscrit a fière allure, du

moins dans son contenu. Vous avez écrit, corrigé, réécrit, cisaillé, et maintenant vous vous apprêtez à envoyer votre texte chez un éditeur. Quel éditeur ? Comment le choisir, pour avoir une petite chance d'accéder à votre désir d'édition ?

D'abord, regardez votre œuvre. Qu'en pensez-vous ? Elle vous plaît ? Plaira-t-elle à un éventuel éditeur ? Avez-vous des retours positifs de lecteurs ? Non, pas ceux de votre famille, mais des lecteurs qui vous connaissent mal ! Non ? C'est fort dommage ! Essayez de trouver un amateur d'écriture qui n'a aucun intérêt à vous mentir… Ça y est ?

Voici quelques conseils avant de vous lancer
♦ Un manuscrit n'est pas une œuvre d'art. Inutile de le garnir de fanfreluches, de photos, de phrases de dédicaces, etc. Rien de tel pour décourager la personne chargée d'ouvrir les enveloppes.

En la matière, « simplicité » est le maître mot !

♦ Si un petit curriculum de l'auteur peut être apprécié, évitez les : *« L'auteur, né en… a fini sa scolarité… »* Vous n'êtes pas encore une star. Une telle description de soi-même a le don d'irriter (et parfois de faire rire), ce premier intermédiaire qu'est le responsable manuscrit des maisons d'édition. Vous risquez de ne pas passer ce premier niveau, quelle que soit la qualité de vos écrits. Car les éditeurs adorent par-dessus tout la modestie et la simplicité (encore !).

♦ Bannissez l'arrogance. Vos lettres de présentation doivent fleurer bon la spontanéité. Ne soyez pas familiers, ni trop sûrs de vous. Abstenez-vous d'écrire les : *« Ohé, amis éditeurs, mon manuscrit que voici devrait vous plaire… »* Ou les *« Cher éditeur, vous êtes plusieurs sur les rangs, alors, prenez les autres de vitesse, éditez-moi… »* Rares seront les vrais professionnels qui tenteront de découvrir, sous un tel style hautain, une personnalité intéressante.

♦ Ne cherchez surtout pas à présenter un manuscrit écrit en lettres originales. L'éditeur serait obligé de le convertir en Times new roman pour le lire… Et ça l'agacerait ! N'écrivez pas trop gros (du 12 paraît convenable). N'écrivez pas en lettres majuscules, ni en gras, ni en couleur, ni en lettres trop petites, ni en italique…

♦ Évitez de livrer un manuscrit saturé de sauts de lignes et de sauts de paragraphes. Sauts de lignes et sauts de paragraphes donnent du sens et participent au rythme du texte qui, excessivement tronçonné, n'est pas agréable à lire. Et parfois, perd son sens ! (Mais ça, nous en avons déjà parlé).

♦ Avant une conversation, pas de saut de ligne. Évitez également, pour initier les conversations, de placer avant le texte, des signes cabalistiques cueillis ici et là. Un tiret ordinaire suivi d'un espace suffira. Nous en avons vu maints exemples dans cet opuscule.

♦ Ne cherchez pas à créer des marges artificielles. Alignez le tout sur la marge naturelle de votre traitement de texte.

♦ N'utilisez pas de majuscules pour les noms propres (sauf en début de phrase, au début des noms propres ou pour les sigles).

♦ L'abus de chiffres est déconseillé.

♦ Ne tentez pas une présentation façon livre, sauf si vous possédez un logiciel professionnel et si vous êtes certain que le format correspond bien à celui dans lequel votre texte sortira chez l'éditeur choisi. C'est très aléatoire si vous ne connaissez pas en avance les désirs en la matière de celui qui aura l'honneur et l'immense avantage de vous publier.

♦ Travaillez à fond votre accroche. Les dix premières lignes sont les plus importantes. Les 5 premières pages également… Si le lecteur/éditeur ne pose pas le livre avant la page 5, vous avez une chance…

Voici quelques accroches intéressantes :

1) « *C'est au cours de l'été 38, que tout a basculé…* » (*Le secret de Font Clare*).

2) « *J'avais été réveillé par le bruit d'une porte qui s'ouvrait et se refermait dans la chambre voisine* » (*L'enchanteur*, de Marcel Brion).

3) « *J'ai connu Simon Rivière chez mon amie Constance* »
(*La double mort* de Frédéric Bellot de Claude Aveline).

4) « *Notre mère et notre père s'aimaient avec passion.* »
(*Nous autres les Sanchez* de Catherine Paysan).

5) « *Les putes de la rue aux Ours sont…* »
— *Et ta sœur !* » (*Paris au mois d'août* de René Fallet).

Ces 5 premières phrases titillent la curiosité du lecteur. Mais il ne s'agit pas de faire une bonne accroche et de se laver les mains de la suite. Cela ne suffit pas, on s'en doute, même si c'est indispensable. Il m'arrive trop souvent de ne pouvoir survivre à la quatrième page d'un manuscrit. Par ailleurs, une description des lieux, des personnages, de la situation dans les premières pages est, à mon avis, tout à fait inutile. Mais je vous l'accorde, parfois les grands se le permettent.

Évitez-le quand même !

Et maintenant, il faut choisir un éditeur

Vous avez bien travaillé, vous avez pondu pas mal de pages d'une histoire passionnante traversée par des personnages extraordinairement vivants. Vous avez corrigé, taillé, retaillé et recorrigé. Vous êtes heureux et satisfait. Vous regardez avec amour ce bébé tout droit sorti de votre imagination. Vous relisez avec délice quelques passages aux métaphores aiguisées, aux descriptions courtes, mais précises, au beau style épuré. On vous a relu, et chaque fois, on vous a prédit un avenir flamboyant. Dans votre rue, on commence à vous appeler Monsieur. La télé n'attend plus que vous, et le monde littéraire s'apprête à vous réserver une standing ovation. Un petit détail reste cependant à régler : l'édition de votre chef-d'œuvre. Pour cela, vous devrez bien choisir votre partenaire… Ah oui, j'oubliais, il faut également que ce partenaire-là ait envie de vous éditer.

Le Compte d'éditeur : Vous avez choisi le compte d'éditeur, et vous avez eu raison. Là au moins, vous ne débourserez rien, et vous travaillerez avec des gens du métier. En gros on peut dire qu'il y a deux sortes de professionnels à compte d'éditeur : les généralistes et les spécialistes.

Dans chacune de ces catégories, on peut également définir deux sous catégories : les éditeurs à vocation nationale, et les éditeurs à vocation régionale (voire départementale ou même cantonale).

Selon la teneur de votre manuscrit, vous tablerez pour l'un ou pour l'autre. Mais ne vous trompez pas. Si, sans vous appeler Johnny ou Adamo, vous écrivez un roman entièrement centré sur le bas Quercy ou les Hautes Corbières, je vous conseille de ne pas perdre du temps à attendre une réponse positive d'un éditeur généraliste national. Mais on ne sait jamais après tout…

Pourtant, pour plus d'efficacité, cherchez (Internet est là pour cela), l'éditeur, petit ou grand qui ressemble le plus à votre texte. Les linéaires des librairies vous donneront sans doute quelques indications intéressantes. Si vous écrivez un policier, étudiez sur les rayonnages les titres qui correspondent à votre univers. Il en va de même pour les terroirs et tous les autres styles. Un éditeur qui n'édite jamais de policier, n'éditera pas plus le vôtre que les autres.

Souvent, les candidats à l'édition nous confessent qu'ils ont, avant toute chose, prospecté chez les gros (Gallimard, Grasset, etc.). C'est seulement après avoir reçu la lettre type de refus, qu'ils se sont décidés à élargir leurs recherches et à revoir un peu à la baisse leurs ambitions de gloire. Ils nous arrivent déçus. Dans la plupart des cas, à la lecture de leur manuscrit, on comprend très bien les raisons du refus : il lui manque des mois de travail.

Mais j'en ai déjà parlé au début de ce livre, la qualité n'est pas toujours un gage de succès.

Maintenant que vous avez sélectionné plusieurs éditeurs potentiels, il ne vous reste qu'à tenter votre chance.

Sachez seulement :

- Qu'un petit éditeur est souvent à la recherche de la perle rare.
- Qu'un petit éditeur est toujours friand de textes consacrés à sa zone d'influence.
- Qu'un petit éditeur pourra être contacté personnellement.
- Qu'un petit éditeur aura le temps de s'occuper de vous, si votre roman lui plaît.

Mais sachez aussi :

- Qu'un petit éditeur n'aura pas les moyens de diffusion d'un gros.
- Qu'un petit éditeur ne pourra vous faire atteindre d'un claquement de doigts les médias nationaux.
- Qu'un petit éditeur vous demandera plus d'investissement personnel qu'un gros.
- Qu'un petit éditeur ne vous permettra pas (dans la majorité des cas), de vivre de votre plume.

Promo, etc.

Quelle que soit la méthode choisie pour éditer votre livre, même s'il s'agit du compte d'éditeur, votre travail ne s'arrêtera pas là ! La dédicace deviendra chez vous une seconde nature. Vous irez au contact du public, ça, c'est un fait acquis.

Cependant, votre image, votre perception par les médias, la mise en branle de vos réseaux, personnels, professionnels, familiaux, sera un préalable indispensable au succès.

Il est tout à fait dommageable pour le devenir d'un auteur de croire que son seul travail est l'écriture. Les éditeurs, et surtout les petits éditeurs, ont besoin sans nul doute d'un coup de main. Les portes que vous ouvrirez s'inscriront à votre crédit.

Et surtout, ne croyez pas que le monde médiatique vous attend. Votre éditeur – si vous en avez trouvé un –, fera tout ce qui est en son pouvoir, c'est-à-dire souvent fort peu, et ce sera à vous de mener à bien la valorisation de votre travail. Certes votre partenaire éditorial sera à vos côtés, certes il mettra à votre disposition ses propres réseaux, mais sans vous et sans votre aide, il ne pourra pas grand-chose.

Mon manuscrit part chez l'éditeur...

Avant toute chose, essayons de clarifier la notion de manuscrit :

Un manuscrit, c'est d'abord un texte saisi informatiquement sur un logiciel de traitement de texte (Word, open Office, etc.) puis, par la suite, mis en page (In Design, QuarkXPress...). Nous avons vu plus haut que l'écriture manuelle, malgré l'aspect « nostalgie » qu'elle véhicule, ne sera pas un atout lorsque viendra l'heure de contacter un éditeur.

Mes conseils pour optimiser votre texte :

♦ Police : (si possible) Times new roman ou Garamond de taille 12, avec interligne simple.

Vous pouvez faire sans hésiter un recto-verso, ça économise des feuilles... et des arbres !

♦ Le corps de texte doit être justifié (merci de ne pas mettre des espaces partout pour le justifier artificiellement (il existe une fonction élémentaire de justification !)

♦ N'oubliez pas d'utiliser des espaces insécables avant les points d'interrogation, d'exclamation, les deux points et les points-virgules (! ? : ;) et un espace normal après. Une virgule vient juste après un mot, sans espace avant.

♦ Dans les dialogues : veillez à ne pas utiliser de

majuscule après la conversation proprement dite.

Exemple : — *On se voit demain, dit-il. Pas de majuscule à Dit-il…*

Tous les dialogues seront introduits par un tiret cadratin (—) suivi d'un espace normal. À noter qu'à l'occasion, les conversations peuvent également être incorporées au texte, après les deux points. On les mettra en italique, entre guillemets, et avec une majuscule au début (« ») Exemple : *« On se voit demain ? »* Espace insécable après l'ouvrant et avant le fermant.

♦ Un petit truc encore. Si vous ciblez un éditeur particulier, n'hésitez pas à étudier, en librairie, sur des romans de sa parution, sa manière de traiter les dialogues, la mise en page, les notes de bas de page, les italiques, etc. pour lui faire parvenir un manuscrit proche de ses souhaits et de ses habitudes éditoriales. Ce sera un atout supplémentaire.

Vous avez dit longueur ?

Je vous livre ici un petit truc pour connaître la traduction en pages/roman de votre texte écrit en word…

Un texte de 320000 caractères (espaces compris), donnera un roman de 220/230 pages environ (en police 12 avec marges habituelles et format 21/27). Votre logiciel possède obligatoirement la fonction « nombre de caractères ».

C'est une indication, pas une obligation…

Et voilà, je n'ai presque plus rien à vous dire,
sinon bonne chance et surtout bon travail !

Pour plus d'informations :
http://ecrireunlivre.net/

T.D.O ÉDITIONS, SARL
TOUS DROITS RÉSERVÉS
COMPOSITION, MISE EN PAGE : TDO ÉDITIONS
ISBN : 978-2-915746-67-9

DÉPÔT LÉGAL MARS 2011

Impression & brochage - France
Numéro d'impression : N0848140313 - Achevé d'imprimer : mars 2015